Cora Lenz

Beziehungsschnitze

Schmunzel-Geschichten

Cora Lenz

BEZIEHUNGSSCHNITZE

SCHMUNZEL-GESCHICHTEN

Impressum:

Bibliografische Information der Deutschen National-
bibliothek:
Die Deutsche Nationalbibliothek verzeichnet diese
Publikation in der Deutschen Nationalbibliografie; de-
taillierte bibliografische Daten sind im Internet über
http://dnb.dnb.de abrufbar.

Illustrationen: Philip Mährle

Titelbild: Philip Mährle

Herstellung und Verlag: BoD – Books on Demand, Nor-
derstedt

ISBN: 9 783 750 431 799

Inhaltsverzeichnis

Vorwort

"Lasst uns doch mal etwas anderes schreiben, als immer diese autobiografischen Geschichten. Die langweilen mich allmählich, diese Nabelschau, und wen interessieren die eigentlich wirklich, außer meiner Familie?

Wie wär´s mit ein paar Geschichten, die wir sammeln, zu einem hübschen Buch zusammenstellen und dann Freunden anstelle eines Blumenstraußes als Mitbringsel überreichen?"

Das war vor zwei Jahren. Vier Autorinnen wollten Geschichten schreiben, mit Fotos illustrieren und gemeinsam veröffentlichen. Schwierig war es, ein geeignetes alle gleichermaßen interessierendes Thema zu finden. Von passenden Fotos ganz zu schweigen.

Ohne die Anregung wäre dieses Büchlein nicht entstanden. Dafür möchte ich mich bei meinen Autoren-Freundinnen Edith, Irmgard und Monika bedanken.

Mich hat die Idee animiert und seitdem sammle ich Geschichten von kleinen Alltags-Ereignissen, unbedeutend wie die meisten Alltage und doch manchmal Bemerkenswertes bergend, wenn man genau hinschaut. Die den Tag zu einem besonderen Tag machen, schmunzeln lassen und in Erinnerung bleiben.

Die Personen sind erfunden, die Situationen nicht ganz.

Viel Freude beim Lesen!

Cora Lenz, Herbst 2019

Am Eierstand

Zwölf Sorten Eier. Die beiden Verkäufer sind mangels Kundschaft in einen angeregten Plausch miteinander vertieft.

Sie braucht sechs Stück und vergleicht: auf der linken Seite "Frische Eier" in klein, mittel oder groß, auf der rechten Seite "Bodenhaltung" in klein, mittel oder groß, "Freilandhaltung" in klein, mittel oder groß und dann "Bio-Eier" in klein, mittel oder groß.

Sie unterbricht das Pläuschchen der Verkäufer, die sich ihr beflissen zuwenden:

- Was ist eigentlich der Unterschied zwischen Bodenhaltung und Freilandhaltung?

- Bei Bodenhaltung laufen die Hühner auf dem Boden herum, in einem großen Stall. Bei Freilandhaltung im Freien.

- Aber im Freien laufen sie doch auch auf dem Boden oder sind sie dann im Käfig?

- Bei Freiland laufen sie frei in einem Freigehege herum. Bodenhaltung ist etwas anderes.

Der zweite Verkäufer schaltet sich ein:

- Bei Freiland laufen sie auf dem Boden im Freien herum.

- Also schließt Freilandhaltung die Bodenhaltung mit ein?

Der erste Verkäufer nickt.

- Und die Bio-Eier? Werden da die Hühner, die im Freien herum laufen mit Biofutter versorgt, oder sind die drinnen in Käfigen?

Die Verkäufer sehen sich gegenseitig fragend an, murmeln etwas und der erste meint:

- Das kann man so nicht sagen.

Sie: - Und was bedeutet eigentlich "Frische Eier"? Das heißt doch eigentlich nur, dass die Eier hier nicht schon seit drei Monaten zum Verkauf liegen. Die Eier stammen sicher von Hühnern aus Käfighaltung.

- Ja.

- Welches sind denn Ihrer Ansicht nach die besten Eier?

- Die "Frischen Eier".

- Warum das? Das sind doch die billigsten, die kosten nur halb so viel wie die Bio-Eier! Normalerweise sind die teuersten die besten!

- Bei den Frischen Eiern, die von Hühnern aus Käfighaltung kommen, haben die Hühner keinen Stress, sie kommen jederzeit an ihr Futter und müssen nicht darum kämpfen. Sie können fressen so viel sie wollen. Stress beeinträchtigt den Geschmack.

- Aber bei Freilandhaltung bekommen sie doch auch genug Futter. Da laufen sie eben etwas herum, um ihr Futter zu suchen.

- Eben. Und da wo viele Hühner sind, ist alles schon weggefressen und sie müssen sich mit den anderen balgen, wenn sie ein Korn finden. Außerdem können die sich da Krankheiten holen wie die Vogelgrippe und all so was.

- Und was ist mit dem Stress der Hühner im Käfig, wenn sie kaum noch Gefieder haben und nur noch dicht gedrängt nebeneinander stehen können?

- Ach wissen Sie, gute Frau, es ist ganz einfach: Sie müssen sich entscheiden. Wollen Sie, dass die Eier gut schmecken oder ist Ihnen wichtiger, dass es den Hühnern gut geht?

Sie bezahlt ihre sechs Bio-Eier und überlegt, ob sie es das nächste Mal nicht doch mit "Frischen Eiern" versuchen sollte.

Der rote Faltrucksack

- Den Rucksack können Sie nicht mit reinnehmen. Der muss ins Schließfach.

Am Morgen noch hatte ich überlegt: Handtasche oder kleiner Faltrucksack? Seit meinem Bandscheibenvorfall mit der Auflage, weder schwer noch einseitig zu tragen, fällt die Entscheidung meist zugunsten des Faltrucksacks aus, der Inhalt auf das Allernotwendigste beschränkt.

Wir wollen endlich mit dem Besuch der Ausstellung "Flashes of the Future - die Kunst der 68er oder die Macht der Ohnmächtigen" beginnen. Der lange Fußmarsch mit der Reisegruppe hat uns ermüdet. Doch am Einlass fängt mich ein ansehnlicher, gut-gebauter Mann ab. Er könnte attraktiv wirken, wären da nicht die glänzend glatt-gegelten Haare und die Generalsmäßigen Bewegungen in seiner Museums-Uniform.

Er erklärt: - Rucksäcke sind hier nicht erlaubt.

Wie immer, wenn mir eine Regelung nicht einleuchtet, frage ich nach: - Aber da ist kaum etwas drin, nur das, was ich unbedingt brauche: Mini-Geldbörse, Lippen-Fettstift, Schlüssel, und eine kleine Wasserflasche - es ist heute warm. Damit störe ich doch niemanden.

- Bei uns sind Rucksäcke in den Ausstellungsräumen verboten. Das ist eine Vorschrift.

Aha, Vorschrift! Dann ist es sinnlos mein Hoheit-ausstrahlendes Gegenüber nach Sinn und Zweck derselben zu fragen.

Also: - Es ist aber gar kein richtiger Rucksack, sondern ein Faltrucksack, den ich ganz klein und flach machen kann.

Es bedarf noch einiger weiterer Worte von mir, bis er einverstanden ist:

- Na gut. Ausnahmsweise. Aber Sie müssen ihn vorne auf der Brust tragen.

Ich schnalle mein Rucksäckchen auf die Brust, und beginne mit der Foto-Betrachtung. Dabei sinniere ich über den Sinn des Verbots. Seit den Terror-Anschlägen sind Sicherheitskontrollen üblich geworden. Durchleuchtungsschranken prüfen auf explosive Stoffe, oder Taschen müssen geöffnet werden, ob sich vielleicht Mordwerkzeuge darin befinden. Rucksäcke sind meist dann nicht erlaubt, wenn frei stehende Skulpturen gestohlen oder bei einer falschen Bewegung beschädigt werden könnten. Doch in dieser Ausstellung handelt es sich um Fotoreproduktionen, flach an den Wänden. Und was ist mit den Handtaschen, die hier offenbar unbeschränkt erlaubt sind? Jene Dame da drüben bricht schier unter der Last ihrer modischen, beinahe Bordcase-großen Handtasche zusammen, während sie zwischen den Fotografien umhergeht. Ab und zu setzt sie sich, stellt die Tasche ab und schlenkert ihren Arm aus. Was diese Tasche wohl enthält? Ich vergleiche mit meinem bescheidenen roten Päckchen vor meiner Brust. Der Sinn der Vorschrift eröffnet sich mir nicht.

Die Ausstellung ist großzügig gestaltet, weite Flächen, viel Licht und Raum. Die Fotografien locker über die Wände verteilt. In den weitläufigen Räumen gelegentlich eine Bank, ein kleiner Tisch mit einem Ausstellungskatalog. Es könnte eine Atmosphäre von Weite und Freiheit aufkommen, wenn da nicht die Wärter wären. Sie streifen wachsam umher, beobachten alles, wirken angespannt. Ihre Schritte unnatürliche Gelassenheit vortäuschend. Unwillkürlich kontrolliere ich meinen Abstand zu den Bildern, wenn ich einen Wärter in der Nähe fühle.

Bei der Betrachtung der Fotos zum Prager Frühling nach der russischen Invasion im August 68 treffe ich auf eine andere Teilnehmerin unserer Reisegruppe. Sie trägt ebenfalls einen kleinen Rucksack auf der Brust. Wir lächeln uns verständnisvoll zu - auch eine, die Widerstand geleistet hat!

Ihr gefällt die Ausstellung. Ihr ist nicht bewusst gewesen, dass die 68er Bewegung europaweit stattgefunden hat. Sie hat sich bislang nur mit den Ereignissen in Deutschlang beschäftigt. Ich erzähle von der Ausstellung zu den deutschen 68ern im Historischen Museum in Frankfurt vor einigen Jahren. Für meinen Mann und mich war dort alles war noch einmal lebendig geworden. 1968 waren wir frisch verliebt und arbeiteten intensiv für das bevorstehende Examen. Für politisches Engagement war keine Zeit. Beim Betrachten der Bilder von Rudi Dutschke und den vielen Anderen im Historischen Museum hatten wir uns mehr mit den Missständen der 68er Zeit beschäftigt als in jenem Jahr selbst.

Wir wenden uns wieder den Fotos zu. Sie auf ihrer Route, ich auf der meinen.

Plötzlich tritt mir eine Wärterin in den Weg, klein und unscheinbar mit kantigem Gesicht und scharfer Stimme: - Sie müssen Ihren Rucksack zurückbringen und in einem Schließfach verstauen. Rucksäcke sind hier drinnen nicht erlaubt.

- Das habe ich schon mit Ihrem Kollegen am Eingang geklärt. Es handelt sich um einen Faltrucksack, der zusammengefaltet in jede Hosentasche passt und jetzt kaum Inhalt hat. Er hat mir erlaubt, ihn mitzunehmen, aber auf der Brust zu tragen.

Sie schaut zweifelnd, verunsichert.

- Ich kann ihn gerne mal abnehmen und zusammenfalten. Dann passt er sogar in ihre Uniformtasche.

Das will sie nicht. Aber sie will wissen, welcher Kollege es war. Ich deute auf jenen Kollegen, der im Eingangsbereich aufmerksam zu uns herüber äugt. Sie lässt mich weiter gehen und schlendert - scheinbar zufällig - in Richtung des Kollegen. Ich widme mich wieder der Ausstellung. Aus den Augenwinkeln sehe ich die Wärterin mit dem Kollegen reden. Dann verschwindet er und sie schlendert weiter.

Ich beginne, mich in einen Artikel des italienischen Journalisten Grimaldi im Ausstellungskatalog zu vertiefen, der über Korruption und Machtmissbrauch in Italien in den 60er Jahren berichtet.

Mein Mann kommt aus dem oberen Stockwerk herunter. Er ist beeindruckt und etwas beschämt, dass er als grundsätzlich politisch orientierter Mensch damals so vieles nicht mitbekommen hatte. Ich stimme ihm zu und meine, dass man sich heute so viel Mut wie damals kaum noch vorstellen könne. Egal ob alles richtig war, sei es schon bewundernswert, wie viel die Aktivisten von damals bereit waren, persönlich aufs Spiel zu setzen. Mein Mann überlegt, dass unser Freund Hans-Jürgen es vielleicht doch richtig gemacht hätte. Der war damals im SDS. Heute distanziert er sich davon, und zitiert den bekannten Spruch: "Wer in seiner Jugend nicht links war, hat kein Herz. Wer im Alter noch links ist, hat keinen Verstand."

Beim Betrachten der Fotos zur Kulturrevolution in Frankreich denke ich über den Spruch nach. Er gefällt mir nicht, er macht es zu einfach.

Ich begegne einer weiteren Reiseteilnehmerin, die mich anspricht:

- Wie haben Sie das denn mit ihrem Rucksack hinbekommen? Ich musste meinen einschließen.

Ich beginne zu bedauern, dass ich es nicht getan habe. Dann hätte ich Ruhe gehabt.

In diesem Augenblick kommt der gut-aussehende Kollege vom Museum auf mich zu. Diesmal noch aufrechter, mit geschwellter Brust, dem Gockel-Gang eines sehr wichtigen Menschen mit breit-gesetzten Füßen und aufklatschenden Schuhsohlen:

- Unser Direktor hat sie gesehen! Das mit dem Rucksack geht nicht, sagt er.

Aha, er muss sich vor der unscheinbaren Kollegin beweisen, die seine Nachgiebigkeit mir gegenüber wohl unpassend fand.

- Warum schauen Sie nicht einfach mal rein und prüfen den Inhalt? schlage ich vor.

Mir beginnt die Situation Spaß zu machen. Ich will wissen, ob Vorschrift über Verstand siegen wird.

- Darum geht es nicht. Der Direktor besteht auf unseren Vorschriften. Sie müssen den Rucksack einschließen.

Jetzt muss also der Direktor herhalten, die eigene Autorität reicht nicht und auf seinen Verstand darf er sich nicht verlassen. Eigentlich tut er mir fast leid.

Aber dieser Schwindelei - wie ich vermute - will ich nicht nachgeben: - Wo ist denn der Direktor? Das würde ich gerne selber von ihm hören!

- Fragen Sie vorne an der Kasse.

Der Kassierer deutet auf zwei Herren in der Cafeteria, die intensiv in eine offenbar geschäftliche Unterredung vertieft sind.

- Ich kann doch nicht einfach dahin gehen und ihn in seiner Unterhaltung stören. Das wäre sehr unhöflich, meine ich.

Der Kassierer kommt mit und erläutert mein Anliegen. Der Direktor schaut mich mit meinem roten Bündel auf der Brust an und sagt kurz angebunden:

- Ich sehe Sie jetzt zum ersten Mal. Aber Rucksäcke sind hier nicht erlaubt.

Ich nun zum vierten Mal:

- Es ist ein Faltrucksack, den man ganz klein machen kann. Warum schauen Sie nicht einfach rein, wie man es in anderen Museen auch macht? Worum geht es hier eigentlich, erwarten Sie einen Terror-Anschlag?

- Lassen Sie mal gut sein. Hier sind nur Behälter mit einem maximalen Außenmaß von DIN-A4 Größe erlaubt. Und jetzt können Sie mit Ihrem Rucksack auf der Brust wieder reingehen.

Ich unterdrücke den Impuls, nach der Tiefenvorschrift für das Volumen des Behälters zu fragen und bedanke mich. Der konstruktive Vorschlag, für Leute wie mich ein paar leere Leihhandtaschen zur Verfügung zu stellen, in die man einen Faltrucksack samt Inhalt verstauen und mit in die Ausstellung nehmen könnte, fällt mir leider zu spät ein. Er bedeutet dem Kassierer bereits, nicht weiter zu stören.

Der Kassierer informiert den Cerberus-Kollegen. Der zögert eine Sekunde. Dann spricht er sehr sicher, mit kräftiger Stimme:

- In diesem Falle genehmige ich Ihnen ausnahmsweise für heute das Tragen des Rucksacks auf der Brust in unserer Ausstellung.

Sagt´s, dreht sich um und gockelt von hinnen. Die Schultern noch straffer, die Beine noch breiter, den Kopf mit den Schmalz-Locken noch weiter nach hinten geworfen. Die graue Kollegin beobachtet aus der Ferne.

Ob ich jetzt endlich die Ausstellung in Ruhe anschauen kann? Fünf Minuten lang gelingt es mir. Dann treffe ich wieder auf die Reise-Kollegin, die keinen Rucksack tragen durfte. Ich erzähle ihr die Episode mit dem Direktor und dem Cerberus.

- Das ist ja kaum zu glauben! Dass die sich nicht schämen, so einen Aufstand zu betreiben. Ist denen gar nicht bewusst, in was für einer Ausstellung wir hier sind? Es ging zwar damals noch um Einiges mehr, aber auch wegen solcher Bestimmungen und den bürokratischen Handhabungen ist die 68er Bewegung entstanden. Offenbar sind wir schon wieder so weit!

Die folgenden Bilder betrachte ich mit anderen Augen: Gibt es Parallelen zu heute? Hat mich die 68er Zeit doch mehr geprägt, als ich dachte?

Kaffee mit Milch

Eine spärliche Wintersonne scheint, doch der Hauseingang liegt im Schatten des gegenüberliegenden Gebäudes. Drei Meter davor sitzt er, angelehnt an die kalte Hauswand, die Beine in einen graugrünen, schmuddeligen Schlafsack eingepackt, den Reißverschluss bis zu den Lenden zugezogen. Sie muss an ihm vorbei. Als er sie kommen sieht, ruft er mit betont fröhlicher Stimme:

- Haste ma´nen Kaffee, Omi?

Sie bleibt vor ihm stehen. Das „Omi" geht nicht so gut runter:

- Was machen Sie denn hier?

- Die vom Sozialamt sind mit dem Renovieren noch nicht fertig. Ich brauch´nen Kaffee.

Er zeigt ihr ein Glas Gewürzgurken, ein Päckchen Zigarettenpapier und noch ein undefinierbares Stück Kostbarkeit. Seine Haare sind hell, wie seine Augen. Sein Blick weicht aus, hat etwas Hastiges. Mit seinen etwa dreißig jungen Jahren ruht er bewegungslos vor der abweisenden Mauer im Schatten.

- Da vorne beim Rewe ist doch Sonne, warum gehen Sie denn nicht dahin?

- Ach, die vom Sozialamt. Was ist mit dem Kaffee, krieg ich den jetzt?

- Nö!

Sie stellt ihre Walking Stöcke im Hauseingang innen ab, und geht weiter zum Rewe.

Eigentlich ein armer Kerl. Irgendwas ist mit ihm, sonst würde er nicht so tatenlos hier sitzen. Wie hat er sich das mit dem Kaffee vorgestellt? Dass sie hochgeht und ihm einen kocht? Oder meint er, sie hätte noch einen übrig? Hat sie eigentlich Pappbecher oben? Aber extra kochen ist ihr zu aufwendig und der vom Frühstück ist alle.

Sie macht ihre kleinen Einkäufe beim Rewe und kommt am Ausgang bei der Kaffeebar vorbei.

Sie könnte ihm ja hier einen kaufen, einfacher als ein selbstgekochter, aber ein bisschen teurer.

Sie blickt auf die Angebotstafel: Coffee To Go klein € 1,50, mittel € 2,-, groß € 2,50.

Wenn sie überhaupt einmal Geld gibt, dann höchstens einen Euro. Von Banane oder etwas Essbarem hat er nichts gesagt. Er braucht anscheinend etwas Warmes. Der billigste Kaffee kostet schon € 1,50, aber das ist immer sehr wenig.

Sie bestellt, wartet und schaut auf das Zubehör. Eine große Papppackung Milch steht da und eine geöffnete Kg-Tüte mit losem Zucker. Dazu einfache Plastikbeutel, weiße Servietten, hölzerne Rührstäbchen und Deckel in verschiedenen Größen.

Nimmt er Zucker? Letztes Jahr brauchte der Möbelpacker sechs Teelöffel für eine Tasse! Aber manche Männer mögen ihren Kaffee ungesüßt. Sie klappt eine Serviette auseinander und faltet sie zu einem kleinen Säckchen. Dann füllt sie sechs gehäufte Teelöffel Zucker hinein, dreht die Serviette vorsichtig zu und steckt sie zusammen mit einem hölzernen Stäbchen in einen Plastikbeutel. Die Bedienung nimmt ihr die zwei Euro ab. Immer noch recht wenig in dem Becher. Genügend Platz für Milch. Will er mit oder ohne? Die kleinen aufreißbaren Sahnedöschen gibt es hier nicht. Davon könnte sie ihm einfach eine Handvoll mitbringen und er könnte selbst portionieren. So muss sie für ihn entscheiden. Mit einem passenden Deckel verschließt sie den Becher und stellt ihn in den Plastikbeutel.

Draußen vor dem REWE sieht sie ihn sofort. Er sitzt unverändert, schaut ihr entgegen, und wieder weg, dann wieder zu ihr hin. Mehrfach. Die Beutel, die sie in der Hand trägt, lassen keinen eindeutigen Schluss auf den Inhalt zu. Seine Gesichtszüge verändern sich nicht.

- Hier Ihr Kaffee. Mit Milch. Ich hoffe, das ist richtig.

- Ich trinke keine Milch. Er dreht den Kopf weg.

- Der Kaffee ist mit Milch.

29

- Ich kann keine Milch trinken.

- Wieso können Sie keine Milch trinken?

- Milch, das geht nicht.

- Aber wieso nicht? Sind Sie krank?

- Männer trinken keine Milch. Das mach´ ich nicht.

- Ich kann das jetzt nicht ändern. Das wusste ich nicht.

- Ich hab´s Ihnen noch nachgerufen: „ohne Milch".

- Das stimmt nicht. Ich stell den Kaffee jetzt hier hin. Sie können sich ja überlegen, was Sie damit machen. Vielleicht haben Sie einen Kollegen, der sich darüber freut.

Er öffnet den Plastikbeutel, nimmt den Kaffee heraus, zieht den Deckel ab, schaut hinein: Kaffee mit Milch.

Jetzt zieht er den Reißverschluss seines Schlafsacks auf, den Kaffeebecher in der Hand erhebt er sich. Mit zielsicheren Schritten geht er von ihr weg auf die Ecke zu, wo sie vorhin zwei andere Obdachlose ihre Zeit hat verbringen sehen.

Plötzlich stoppt er, bleibt vor einem Gully stehen. Dann kippt er den Kaffee in hohem Bogen hinein.

Wortlos kommt er mit dem leeren Becher zurück und schält sich wieder in seinen Schlafsack. Sie scheint für ihn nicht mehr zu existieren.

Ein Lachen steigt in ihr hoch und ein Staunen. Staunen auch darüber, dass sie nicht einmal zornig ist über die Verschwendung, nur überrascht.

- Können Sie sich vorstellen, wie ich mich das nächste Mal verhalten werde? Die nächsten zehn Leute werden nichts von mir bekommen!

Keine Antwort. Er stellt den leeren Becher deutlich sichtbar neben sich. Ging es gar nicht um den Kaffee, sondern um den Becher?

Sie schließt die Haustür auf und begibt sich in ihre Wohnung. Als sie zwei Stunden später wieder auf die Straße kommt, sind sie verschwunden - der junge Mann, der Schlafsack und der Becher.

Der Höhepunkt

Sie freute sich wieder darauf. Es würde sein wie immer, in der Mittagszeit. Und es würde ihr wie immer ausgesprochen gut gehen danach, sodass sie schon voller Vorfreude das nächste Mal erwartete.

Die Mittagspause war gerade so lang, dass sie den kurzen Weg nach Hause zum Mittagessen zu Fuß gehen konnte, um ihr Ritual zu absolvieren. Der Tisch wäre bereits gedeckt und alles fertig vorbereitet.

Sie genoss den Weg über die staubige Straße, vorbei an den Zäunen, hinter denen sich das Grün der Stauden mühsam gegen das Graubraun der Staubschicht durchzusetzen versuchte, meist überwölbt von einem lila flirrenden Jakarandabaum, so hoch, dass der Staub hier sein Werk kaum verrichten konnte.

Der Planungsalltag im Ministerium fiel von ihr ab und sie tauchte ein in das Leben auf der Straße, vorbei an den wenigen wohlbeleibten Frauen, die trotz der heftigen Mittagssonne gemächlich ihre Last auf dem Kopf balancierten, mit einer Hand lose gehalten, nicht als ob es notwendig wäre, eher um ihrem schleppenden Gang ein wenig Grazie zu verleihen. Sie spürte die trockene Luft, sog den blauen Himmel über sich ein, diese unendliche, unbeteiligte Kuppel, die sich auch über die an die Stadt angrenzende Steppe in der Ferne wölbte, auf der die unzähligen Rinder weideten, Stolz und wichtige Einkommensquelle der Nation. Hier auf den Straßen der sogenannten Hauptstadt, die eigentlich nur ein größeres Dorf war, herrschte der Geruch von Dung, staubgetränkter fein-körniger Hitze und der gelegentlichen Duft-Wolke eines schweißnassen, dunklen Körpers, die von einer Passantin herüber strich.

Sie konnte sich auf Elisabeth verlassen. Elisabeth war aufmerksam, pünktlich und verschwiegen und kannte ihre Wünsche genau. Einmal, als sie abends nach Hause gekommen war, und die Terrassentür öffnete, war sie erschrocken. Elisabeth kauerte in der Ecke an der Wand, die Arme um die Knie geschlungen - es begann schon kühler zu werden -, den Kopf gesenkt. Sie hatte auf sie gewartet. Ihr Mann - so bezeichnete sie denjenigen, mit dem sie derzeit das Bett teilen sollte - hatte sie schlagen wollen. Sie war davon gerannt, hatte ihn verlassen und wusste nicht wohin. Cora hatte ihr die kleine Hütte im Garten zur Verfügung gestellt. Seitdem war Elisabeth ihr vollkommen ergeben. Cora wusste, wenn sie die Tür ihres Apartments öffnete, würde alles ihren Vorstellungen entsprechen.

Elisabeth würde die Suppe servieren, eine leichte Gemüsesuppe - jeden Tag ein wenig variiert - wegen des Flüssigkeitsbedarfs und weil das Wasser im Ministerium nicht vertrauenswürdig war. Sie würde sie langsam und mit Bedacht zu sich nehmen, sich konzentrieren auf das, was danach kam. In den fünf Monaten, die sie jetzt in diesem Appartement wohnte, war es zu einer Gewohnheit geworden. Jeden Tag dasselbe Ritual, zuerst die Suppe um die Vorfreude noch zu steigern, von Elisabeth liebevoll mit einer Frucht aus dem Garten garniert. Und dann kam er - der Höhepunkt des Tages. Und jeden Tag das gleiche Vergnügen dabei. Obwohl die Mittagspause nicht lang war, gab es jetzt keine Eile, das Erlebnis musste zelebriert werden, mit allen Sinnen erfasst und ausgekostet.

Es blieb sogar noch genügend Zeit für einen kurzen Mittagsschlaf danach, um sich von den Anstrengungen zu erholen.

Nach weiteren drei Monaten war ihr diese Mittagsgewohnheit so lieb geworden, dass sie begann, sie am Abend zu wiederholen. Nun hatte sie ihr Ritual zweimal am Tag, zweimal täglich die Erfüllung ihrer Wünsche.

Als sie von Botswana Abschied nehmen musste, wusste sie, dass sie diese Zeit vermissen würde, dass sie diesen vollkommenen Genuss, von dem sie nie genug bekommen und dem sie sich jedes Mal aufs neue vollständig hingeben konnte, wohl kaum noch einmal erleben würde.

Sie hatte sich getäuscht. Vielleicht hing es mit der Landschaft zusammen. Dartmoor mit seiner Kargheit und Einsamkeit war für sie vielleicht ähnlich einprägsam wie der Staub und die Steppe von Botswana. Vielleicht hatte es damit auch nichts zu tun. Doch hier hatte sie noch einmal das Erlebnis der Vollkommenheit.

Der Tag war grau und Nebel verhangen gewesen, die Wanderung über die unwegsamen Hügel anstrengend. Sie brauchte Entspannung und Stärkung. Beides fand sie im Castle Inn in Lydford. Zu früheren Zeiten - das Lokal war bereits über 300 Jahre alt - hatte es den Schmugglern als Absteige gedient. Entsprechend rauchig und verwunschen waren die Gasträume. Beim Überschreiten der Türschwelle zog sie unwillkürlich den Kopf ein, um sich nicht an dem niedrigen Deckenbalken zu stoßen. Dann ließ sie die Atmosphäre des alten englischen Pubs auf sich wirken.

Sie sah das Angebot. Ungewöhnlich. Die Preise gestaffelt nach der Dauer, je länger, desto teurer. So etwas hatte sie noch nie in einem Restaurant gesehen. Bilder von ihrer Zeit in Botswana stiegen in ihr hoch, von ihrem Ritual zur Mittags- und Abendzeit. Aber hier könnte es das unmöglich auch geben. Sollte sie den Versuch wagen? Die Erinnerung konnte ihr keiner nehmen. Sie entschied sich für die kostspieligste Variante, in der Annahme, dass damit der Vergleich mit Botswana eher eine Chance erhielte.

Der Genuss war noch vollendeter als sie ihn im Gedächtnis hatte. Er übertraf alles Vorherige. Das hier war für sie der Himmel aller sinnlichen Genüsse.

Ihr Rumpsteak hatte sechs Wochen reifen dürfen, nicht vier oder zwei wie in Botswana üblich. Hier hatte sein bestes Stück, das besonders schmackhaft war, wenn das Rind in Freiheit und unberührter Natur aufwachsen konnte, sechs Wochen lang im Kühlhaus abgehangen. Es war butterweich und zur Perfektion kross angebraten, innen durch und durch rosa, leicht blutig. Nur mit einem Anflug von Pfeffer und Salz behutsam gewürzt, um den Eigengeschmack nicht zu überdecken. Jeder Bissen, den sie im Mund bedächtig bewegte, zerfloss auf ihrer Zunge und verband ihre Sinne mit der weiten Landschaft der Umgebung.

Nach dieser Krönung aller kulinarischen Genüsse, die sie bisher erlebt hatte, aß sie kaum je wieder ein Rumpsteak. Und wenn, konnte sie diesen Höhepunkt an Gaumenfreude nie wieder erreichen.

Zimmer mit Parkblick

- Hatten wir nicht ein Zimmer mit Parkblick reserviert?

Sie steht am Fenster des Hotelzimmers und blickt auf einen schmalen Grünstreifen vor einer Durchgangsstraße. Müde von der Wanderung, verschwitzt von der Hitze und hungrig. Das Abendessen mit der Gruppe ist in 30 Minuten vorgesehen.

Er: - Ich meine, ich hätte das bessere Zimmer genommen. Schau doch noch mal auf der Bestätigung nach.

Sie: - "Juniorsuite mit Parkblick" steht da. Soll ich das reklamieren? Parkblick ist doch teurer!

Er: - Ja, mach das lieber, sonst ärgerst du dich die ganze Zeit.

Rezeptionist: - Oh, da ist uns ein Fehler passiert. Bitte kommen Sie nochmal runter. Haben Sie schon Irgendetwas benutzt?

Sie: - Nein, haben wir nicht, außer der Toilette. Aber wir haben gut gespült!

Die bereits ausgezogenen Schuhe werden wieder angezogen. Die bereits geöffneten Köfferchen wieder geschlossen. Sie begeben sich aus dem dritten Stock runter zur Rezeption. Es dauert etwas. Von den zwei Fahrstühlen vom Foyer des Nobelhotels ist einer defekt.

Rezeptionist: - Entschuldigen Sie bitte, das Hotel ist recht ausgebucht. Aber jetzt bekommen Sie Ihre Suite mit Parkblick. Allerdings müssen Sie den andern Fahrstuhl nehmen. Den Gang durch ganz nach hinten, hinter der Glastür in den vierten Stock.

Ein langer Weg zum Fahrstuhl und im vierten Stock ein langer Gang bis zur Nummer 415. Noch zwanzig Minuten bis zum Abendessen. Sie betreten ein Zweiraumapartment.

Sie: - Wo ist denn jetzt der Parkblick? Muss ich da auf das Podest steigen?

Das kleine Fenster im Wohnzimmer liegt unter einer Dachschräge. Sie klettert hinauf und blickt auf eine Grünfläche, die man mit etwas Wohlwollen als Park bezeichnen kann.

Sie: - Vielleicht kann man im Schlafzimmer vom Bett aus ins Freie schauen.

Im Schlafzimmer blickt man auf die holzverkleidete Dachschräge. Die Luft ist stickig. Sie öffnet die Dachluke, sie fällt zu. Sie öffnet sie erneut. Sie fällt wieder zu. Sie sucht nach einem Festellmechanismus. Fehlanzeige.

Sie: Ohne Frischluft in der Nacht kann ich nicht schlafen. Das hier hat keinen Sinn. Da war das andere Zimmer noch besser. Lass uns wieder runter fahren und keine Zeit mit Telefonieren verlieren. Ich muss unbedingt noch duschen vor dem Abendessen!

Diesmal hatten sie die Schuhe noch an und die Köfferchen waren noch geschlossen.

Der Rezeptionist scheint nicht erstaunt. Doch jetzt braucht er wirklich lange. Ihren Hinweis: - Dann lieber das andere Zimmer! beachtet er nicht. Ihn hat der Ehrgeiz gepackt.

Rezeptionist: - Wir wollen Sie ja zufrieden stellen. Ich gebe Ihnen jetzt die Präsidentensuite. Die wird Ihnen sicher gefallen.

Er: - Präsidentensuite? ist das nicht etwas übertrieben?

Mit einem Blick auf die Uhr - noch zehn Minuten - bedeutet sie ihm, sich nicht weiter einzumischen und sagt: - Wir sind einverstanden.

Rezeptionist: - Soll ich mitkommen und Ihnen alles zeigen?

Sie: - Nein danke, nicht nötig, wir haben es eilig.

Wieder in den Fahrstuhl neben dem defekten, zusammen mit einer schon länger wartenden Traube von Gästen. Dann die Präsidentensuite: Holztäfelung in der foyerartigen Garderobe und eine zweite Tür aus Glas zum Wohnbereich. Dahinter: Kirschholz, Kristalllüster und Gold - edler Prunk. Aber:

Sie: - Mach bloß die Terrassentür auf. Das ist ja nicht auszuhalten, diese Hitze! Wo ist der Schalter für die Klimaanlage? Dreh mal runter.

Beide versuchen abwechselnd an der Temperatureinstellung etwas zu verändern. Das sanfte Rauschen nimmt nicht ab,

Er: - Stell mal ganz auf Null, das ist ja wie in der Sauna. Unerträglich.

Sie reißt die zweite Terrassentür auf, öffnet beide Flügel weit. Der schöne Parkblick hinter einer etwa 40 qm großen Balkon-Terrasse interessiert sie momentan nicht.

Sie: - Wo ist eigentlich das Schlafzimmer? Hier die Tür ist verschlossen.

Er: - Das ist sicher die Zugangstür für das Lakaienzimmer.

Er öffnet eine weitere Tür: eine kleine Küche mit Kühlschrank, Dreiplattenherd und Kaffeemaschine. Eine weitere Glastür zu einem kleinen Bad mit Bidet, einem weiterem Badezimmer mit riesiger Badewanne und dahinter noch eine Tür, die Tür zum Schlafzimmer.

Sie: - Hier ist die Temperatur erträglich. Lass bloß die Schlafzimmertür zu, damit die Hitze aus dem Wohnzimmer nicht rein kommt.

Wütend greift sie zum Telefon:

- In dieser Suite geht das auch nicht. Das Wohnzimmer glüht! Entweder Sie reparieren die Klimaanlage, bis wir vom Abendessen zurückkommen, oder wir brauchen noch mal ein anderes Zimmer.

Rezeptionist: - Das liegt sicher an der zentralen Einstellung der Heizung, die jetzt schon auf Winterbetrieb steht.

Sie: - Nein, das Schlafzimmer ist ja in Ordnung. Sie müssen etwas machen.

Rezeptionist: - Einen Augenblick bitte, ich verbinde Sie mit unserm Herrn Direktor.

Ihr "Nein" landet bereits in der Warteschleife.

Rezeptionist nach einer endlos langen Minute:

- Entschuldigung. Der Herr Direktor wird Sie in ein paar Minuten zurückrufen.

Sie, beinahe schreiend: - Nein, ich gehe jetzt duschen!

Ihre Jeans hat sie bereits heruntergezogen, als es an der Tür klopft. Das Zimmermädchen mit einem Ventilator.

Er: - Wir wollen keinen Ventilator. Wir wollen eine funktionierende Klimaanlage.

Das Zimmermädchen dreht an der Einstellung zur Klimaanlage: - Leider sind einige der Schalter falsch herum montiert. Wenn man Kühlung will, muss man dann auf 30 Grad stellen und für Heizung auf null. Mal sehen, wie es hier ist.

Sie dreht: - Hören Sie? Das Rauschen hat jetzt aufgehört.

Beide hören keine Veränderung. Er weiß bereits, dass er schwerhörig ist, sie bislang noch nicht.

Er: - Ja, ist gut, wir probieren das mal. Jetzt müsste es ja abkühlen bei den offenen Türen und ohne Heizung.

Zimmermädchen: - Ach so, wenn Sie weggehen, machen Sie bitte alle Türen zu. Wegen der Waschbären.

Er: - Waschbären?

Zimmermädchen: - Ja, die kommen sonst ins Zimmer und richten eine Verwüstung an.

Das Zimmermädchen mit Migrationshintergrund hat da sicher etwas falsch verstanden.

Sie: - Wir werden die Fenster mit Sicherheit nicht zu machen bei dieser Hitze.

Das Duschen hebt ihre Stimmung - etwas. Da sie nun ohnehin zu spät zum Abendessen kommen, schauen sie sich etwas um, in der Präsidentensuite. Wenn die Hitze nicht wäre, ließe es sich hier aushalten, auch wenn die Einrichtung nicht ganz ihrer Geschmacksrichtung entspricht: Schwere Samtgardinen an den Fenstern, eine samtbezogene taubenblaue Sitzgruppe, ein großer Couchtisch mit schwerer Bleiglasplatte und vergoldeten

Kanten, der Kronleuchter mit elektrischen Kerzen hängt von der Mitte der Decke anderthalb Meter tief herab.

Er: - Das ist aber Plastikkristall, ganz leicht! Und im Bücherschrank, das sind alles ganz olle Kamellen! Hast du das im Badezimmer gesehen: die riesigen Seifenspender? Die sind richtig vergoldet. Aber auf der Marmorplatte festgeklebt!

Sie: - Woher weißt du das? Wolltest du etwa...?

Ein bisschen kühler ist es geworden, als sie die Suite verlassen. Ob es an der Frischluft oder der Neu-Einstellung der Klimaanlage liegt, lässt sich nicht feststellen. Aber immer noch zu heiß, um die Fenster zu schließen. Sie stellen die Klimaanlage vorsichtshalber im Schlafzimmer auch noch einmal korrekt auf die vom Zimmermädchen vorgegebenen 30 Grad.

Rezeptionist am Ausgang: - Ist jetzt alles in Ordnung? Die Zentralregulierung ist manchmal etwas schwierig.

Er: - Das wissen wir erst, wenn wir zurückkommen. Fragen Sie mal das Zimmermädchen.

Den Kollegen von der Reisegruppe mangelt es an Mitleid für die Odyssee. Sie lauschen neidvoll den Schilderungen von der Präsidentensuite und wollen zum Frühstück Fotos sehen.

Um 21.40 Uhr kommen sie zurück. Hoffentlich kein weiterer Umzug.

Sie: - Ah, angenehm kühl. Jetzt können wir die Terrassentür wieder zumachen und endlich mal den Prunk hier genießen.

Er schließt die Tür. Sein Blick fällt auf ein Hinweisschild daneben: - Du meine Güte, das haben wir ja völlig übersehen. Hier steht: "Bitte Fenster und Türen geschlossen halten. Wir bedauern die Unannehmlichkeit mit der Waschbärenplage. Leider dringen sie bei geöffneten Türen gelegentlich in die Räume ein und beschädigen das Mobiliar." Und wir haben dem Zimmermädchen nicht geglaubt! Gott sei Dank ist nichts passiert.

Sie: - Und das Schlafzimmer? Da stehen die Türen ja auch sperrangelweit auf!

Er: - Wir sind hier im 4ten Stock. So hoch kommen die doch sicher nicht!

Sie reißt bereits die Schlafzimmertür auf .... und weicht zurück:

- Nicht zu fassen. Jetzt glüht es hier. Das ist ja noch schlimmer als vorhin im Wohnzimmer.

Nach einem flüchtigen Blick: - Aber keine Waschbären, keine Verwüstung.

Sie knallt die Tür wieder zu: - Ruf die Rezeption an, in der Hitze kann ich nicht schlafen.

Das Zimmermädchen nach zwei Minuten mit einem Blick auf die Schaltung im Schlafzimmer:

- Die steht ja auf 30 Grad! Kein Wunder, dass es hier heizt. In diesem Zimmer ist die Schaltung wohl richtig montiert.

Sie dreht auf null: - Hören Sie? Es rauscht nicht mehr.

Beide hören nichts und bestätigen mit einem müden "Ja".

Zimmermädchen: - Ich hab jetzt Dienstschluss. Ab jetzt ist niemand mehr zu erreichen. Soll ich den Ventilator noch anstellen?

Sie: - Nein danke. Sonst heizt der womöglich auch noch. Hoffen wir mal das Beste. Wir wollen jetzt einfach nur schlafen.

Sie schlafen gut. Am nächsten Morgen holen sie die Flezerei in den Plüschmöbeln nach und machen Beweisfotos von der Präsidentensuite mit den 100 qm. So nobel haben sie noch nie gewohnt, weder mit noch ohne Waschbären. Die Kollegen beim Frühstück sind angemessen beeindruckt.

Der Kommentar: - Das mach ich das nächste Mal auch! Ich reklamier mich in die Präsidentensuite!

Beziehungsschnitze

Er: - Du möchtest sicher einen Beziehungsschnitz?

Nach dem Abendessen schält er die Orange, sieht ihren verlangenden Blick und will der Aufforderung zuvorkommen. Er kennt sie. Immer will sie abhaben, wie ein kleines Kind. Sie könnte sich auch selber eine Apfelsine nehmen. Wenn er das sagen würde, wäre ihre Antwort mit Sicherheit:

- Nein, eine Ganze ist mir zu viel, eine Halbe reicht mir. Dir ist aber eine Halbe zu wenig. Du kannst mir auch einfach einen Schnitz abgeben.

In den fast fünfzig Jahren ihres Zusammenlebens hat er sich nie daran gewöhnen können, dass sie von seinem Gericht probieren möchte, am liebsten alles teilen.

Da gab es diese Diskussion bei Gosch auf Sylt.

Sie: - Wenn du dich für die Seezunge entscheidest, kann ich den Garnellenteller nehmen, dann können wir beide von Beidem die Hälfte essen.

Er ist nicht einverstanden. Er ist noch nicht fertig mit aussuchen.

Sie: - Möchtest du etwas Anderes? Was hättest du denn gerne? Also ich fände die Seezunge und die Garnelen gut.

Er weiß immer noch nicht. Die Karte ist lang, es gibt viele reizvolle Fischgerichte. Da sie eine Antwort erwartet, testet er versuchsweise in Gedanken einmal den Geschmack der Seezunge, zum anderen den der Garnelen. Aber beides bekommt er nicht hin. Irgendwie vermischt sich die Seezunge mit den Garnelen in seinem imaginierten Geschmackssinn zu etwas undefinierbar Fischigem.

Er: - Ich möchte lieber mein eigenes Gericht. Iss du, was du möchtest und ich esse, was ich möchte!

Sie: - Das ist aber so schwer zu entscheiden. Am liebsten möchte ich Beides, das ist aber zu viel, dann werde ich dick. Andere Paare teilen doch auch. Wir können es ja auch so machen, dass du ein Gericht aussuchst und ich das andere. Vielleicht möchtest du ja lieber den Seewolf. Sollen wir dann die Garnelen oder die Seezunge weglassen?

Der imaginierte Geschmack in seinem Mund wird nun noch um den Seewolf angereichert, verdichtet sich zu etwas Ungenießbaren, ihm kommt ein leichter Brechreiz.

Er: - Jetzt lass mich doch mal in Ruhe mit anderen Paaren. Die interessieren mich nicht. Ich weiß ja überhaupt nicht mehr, was ich essen will. Ich komm wir vor wie ein Wesen aus zweien zusammengemischt, das nicht mehr zwischen den beiden unterscheiden kann. Dann geht gar nichts mehr.

Damals setzte er sich durch. Er aß seine Seezunge alleine. Sie saß ebenfalls an einer Seezunge, zutiefst gekränkt, lustlos und verdarb mit ihrer nörgeligen Stimmung diesen und den folgenden Tag.

Am dritten Tag kam es ihm so vor, als ob er Wiedergutmachung zu leisten hätte. Er wusste nicht wirklich wofür, irgendetwas mit Essen. Wenn er Hunger hatte, schaltete seine Genusszentrale auf die ausgewählte Speise, sonst interessierte ihn nichts mehr. Sie dagegen wollte am liebsten alles testen, gerne nur einen Happen, und herausfinden was denn am besten sei. Spanische Tapas, Chinesische Fleischtöpfchen oder Japanisches Sushi mit vielen Miniportionen waren ganz nach ihrem Geschmack, sie konnte von allem nehmen, bevor sie sich für die Prämierung entschied. Meist brauchte sie dazu noch eine zweite Runde oder auch eine dritte. Büffets waren für ihn ein Albtraum, weil sie sich regelmäßig überaß und ihn dann nachts mit ihren Klagen über Bauchweh vom Schlaf abhielt. Ging es wirklich ums Essen? Sie wollte wohl, dass er ihre Leidenschaft für das Ausprobieren von unterschiedlichen Geschmacksrichtungen teilte oder zumindest akzeptierte. Ihr Genuss sollte ein gemeinsamer sein.

An diesem dritten Tag nach Gosch bei ihrer Fahrradtour kamen sie am späten Vormittag an einem Bratwurststand vorbei.

Er, liebevoll-zuvorkommend: - Endlich mal was anderes als Fisch. Ich hab zwar noch nicht wirklich Hunger, aber ich hol mir eine. Soll ich Dir auch eine mitbringen?

Sie überlegt kurz, freut sich über sein versöhnliches Angebot und beschließt, dass die Nörgelzeit vorbei sei: - Nein, danke, eine reicht! Es ist ja noch früh.

Er stellt das Rad ab und macht sich auf den Weg.

Da ruft sie ihm nach: - Oh, Bring doch lieber zwei. Sonst kriegst du nur eine halbe!

Seitdem - wenn er guter Laune ist - bekommt sie freiwillig von ihm einen Beziehungsschnitz. Den hat sie noch nie abgelehnt.

Die Sonnenbrille

Sie holt ihre Sonnenbrille heraus. Sie ist noch ganz neu, vor drei Wochen in Rom erstanden.

Eigentlich nichts Besonderes, weder auffallend noch altmodisch, aber von guter Qualität. Von Polaroid. Ja, von Polaroid, wie die Verkäuferin betont hatte. Und das war das Besondere an der neuen Sonnenbrille: die Verkäuferin, die ihr diese verkauft hatte.

Sie waren am achten Tag ihres Rom-Aufenthaltes auf eigene Faust auf Tour gegangen, nachdem die Gruppenreise beendet war und die anderen bereits abgereist. Als sie ihre alte Sonnenbrille aufsetzen wollte - eine wirklich alte, die Gläser bereits durch die Reibung von den Bügeln im unteren Sichtfeld verschrammt, und modern war sie auch nicht mehr - war ihr ein Glas entgegengefallen. Sie versuchte es wieder in das Fenster zu drücken, stellte dann aber fest, dass der Rahmen gebrochen war.

- Die ist nicht mehr zu retten, sagte sie zu ihrem Mann.

- Selbst wenn wir Pattex dabei hätten, hielte das nur kurz. Ich brauch eine neue. Hier in der Dauer-Sonne halte ich das ohne nicht aus. Eigentlich will ich mir schon seit zwei Jahren eine Neue gönnen, weil die

Schrammen beim Sehen störten. Wenn Du einen Brillenladen siehst, sag Bescheid.

An einer Straßenecke, dort wo sie fünfzehn Minuten später und zweihundert Meter weiter an der Piazza Napoli bestückt mit neuer Sonnenbrille auf ihre frühere Chefin treffen sollten, die seit einem Jahr in Rom wohnte und sie mit interessanten Sightseeing-Tipps versorgte, stoppte ihr Mann:

- Hier, der Laden sieht gut aus.

Sonnenbrillen in Hülle und Fülle und eine freundliche Verkäuferin, jung, hübsch, italienisch. Und wie alle Italienerinnen mit diesem besonderen Schick gekleidet. Mit diesem für Deutsche unnachahmlichen Gespür für die richtige Mischung von Selbstverständlichkeit und Finesse, und der Ausstrahlung von jugendlicher Eleganz.

Die Verkäuferin zeigte ihr drei Modelle. Sie kamen alle drei in Frage. Eins davon war fünfzehn Euro teuer als die beiden anderen.

- Ich verlier die ja doch nur, da brauch ich nicht noch 15 Euro mehr auszugeben, sagte sie locker auf Englisch, damit die Verkäuferin sie verstehen konnte.

Die verfolgte das Aufprobieren aufmerksam. Nicht etwa gedankenlos und nebenbei, wie man das in Deutschland bei sogenannter Laufkundschaft erwartet hätte. Ihr Mann zeigte keine Präferenz. Sie probierte die drei Brillen noch einmal. Schwierig. Sie fragte die Verkäuferin, welche sie am besten kleiden würde.

Schließlich haben die ja oft einen Blick für ihre Kundinnen, und sind objektiver.

Die Verkäuferin entschied sofort: - Die hier! und reichte ihr die teure.

Sie setzte sie nochmals auf. Durch den € 15 Mehrpreis geblendet, sah sie keinen großen Unterschied zu den beiden anderen. Kurz schoss ihr durch den Kopf: "Vielleicht bekommt die Verkäuferin dann auch eine höhere Provision." Beim Blick in das aufmerksame, ihr voll zugewandte Gesicht der hübschen jungen Frau, verschwand der Gedanke und sie sagte:

- Na gut, dann vertraue ich mal Ihrem Urteil!

Ein zufriedenes Lächeln strahlte über das Gesicht der Verkäuferin. Sie war sichtlich mit der Entscheidung einverstanden und auch damit, dass die Kundin auf sie gehört hatte - ein Beitrag zu deutsch-italienischer Freundschaft.

Sie zahlte, behielt die Brille gleich in der Hand, damit sie sie draußen aufsetzen konnte. Und bemerkte noch im Hinausgehen den wohlwollenden Blick der jungen Frau. Eine kluge Entscheidung.

Seitdem, wenn sie diese Brille aufsetzt, spürt sie die freundlichen Augen der hübschen Italienerin auf sich gerichtet und fühlt sich zehn Jahre jünger. Sie trägt die Brille auch, wenn es mangels Sonne nicht unbedingt notwendig wäre. So wie heute!

Ernst genommen

Zurück aus dem Urlaub ruft sie Bettina an:

- Ich war ja beim letzten Treffen nicht dabei. Was habt ihr denn für Helmuts Einladung vereinbart? Wie kommen wir zu ihm in dieses kleine Dorf? Und habt Ihr eine Idee, was wir ihm mitbringen können?

Der Auftakt für ein Gesellschaftsspiel in drei Akten.

Bettina antwortet:

- Mit dem Fahren das ist klar. Wir fahren mit Thomas, die drei andern fahren mit Sofia. Und mitbringen sollen wir ja nichts, Laura. Das hat Helmut ausdrücklich gesagt.

- Ja, ich weiß. Das habe ich aber im Wesentlichen auf das Essen bezogen. Bei einer Autofahrt von über einer Stunde wäre es auch etwas schwierig, wenn wir Tabletts transportieren müssten. Ich meinte ein Mitbringsel, also ein Geschenk von uns Gästen, das wir nicht selber konsumieren. Das will er wahrscheinlich auch nicht, aber ich würde mich einfach gerne in dieser Form für die nette Einladung bedanken. Die Frage ist nur was, damit es auch im Rahmen bleibt und für ihn bescheiden genug ist. Ich dachte schon an eine schöne Pflanze für seinen Garten, so etwas kann man doch immer gebrauchen.

- Nein, bloß nicht, sein Garten ist so wunderschön, das würde beinahe an Beleidigung grenzen. Wenn schon, dann eher ein Buch.

- Daran dachte ich auch schon. Wir sind ja schließlich eine Gruppe von Autoren. Ich finde den Kleeberg ausgesprochen interessant und er wurde jetzt gerade sehr kontrovers diskutiert in der Poetik-Vorlesung.

- Ach weißt Du, ein Problem mit einem Buch-Geschenk für einen Autoren ist, dass er denken könnte, es sei eine Empfehlung, auch so zu schreiben, weil er selbst es nicht so gut könne. Und das meinen wir doch gar nicht. Ich selbst kenne nichts von dem Kleeberg.

- Ich finde seinen Stil ausgesprochen interessant. Er kann sehr eindringlich beschreiben, was einem Menschen in einer bestimmten Situation alles an Gefühlen und Gedanken durch den Kopf geht. Mein Mann liest gerade seinen neuen Titel: „Vaterjahre" und ist ganz begeistert. Und damit Helmut nicht meint, das sei eine Anregung, den Stil zu kopieren, könnten wir noch ein zweites Buch als Gegensatz dazu nehmen – so ein Taschenbuch kostet ja nicht die Welt. Wir sind außerdem zu siebt. „In den Zeiten des abnehmenden Lichts" von Ruge hat mir ausgesprochen gut gefallen, völlig anders im Schreibstil als der Kleeberg - kurze, klare Sätze - und auch eine Familiengeschichte, wie das woran Helmut arbeitet.

- Ich könnte mal unsern Lektor fragen. Der kennt Helmuts Schreibstil ja auch sehr gut.

- Gute Idee. Dann warte ich mit dem Bestellen noch bis du mir Bescheid gibst.

Ein Tag später kommt die Nachricht von Bettina, dass der Lektor beide Vorschläge gutheißt und sich außerdem Josef Winklers „Im wilden Kärnten" thematisch anregend für Helmut vorstellen könnte.

Laura will nun wissen, welche zwei Titel von den dreien bestellt werden sollen, denn drei seien wohl zu viel. Sie stellt für alle die drei Titel zur Auswahl, damit sich niemand übergangen fühlt.

Thomas reagiert mit „Kleeberg und Winkler". Den Anderen ist alles recht, Gertrud verweist ergänzend darauf, dass der von ihr angekündigte Begrüßungssekt ja kein echtes Geschenk sei, weil die Gäste ihn selber trinken. Nur Sofia äußert Bedenken: Sie erinnert daran, dass Helmut beim letzten Treffen explizit und noch einmal darum gebeten hatte KEINE GESCHENKE (Großbuchstaben). Als Einstiegsdiskussion für das nächste gemeinsame Seminar wünscht sie sich das Thema ERNST GENOMMEN WERDEN (Großbuchstaben). Aber natürlich würde sie sich an den Buchgeschenken beteiligen. Für den Fall, dass diese den Gästen um die Ohren fliegen sollten, würde sie die „Vaterjahre" auf ihre Kosten übernehmen.

Laura bestellt „Vaterjahre" und „Im wilden Kärnten".
Bettina ruft wegen einer anderen Sache an, sie kommen auf die Mitbringsel zu sprechen. Der zweite Akt beginnt.

Laura: - Ich habe gerade nach einer Dankeschön-Karte geschaut in meinen Beständen. Ein ganzer Kasten voll, aber meistens ist dann doch nichts Passendes dabei. Es soll ja wirklich für die Person und zu der Gelegenheit die richtige sein. Eine extra kaufen wollte ich nicht. Jetzt habe ich eine von Hieronymus Bosch gefunden. Die ist, glaube ich, ganz nett für Helmut.

Bettina lässt sich die Karte beschreiben - ein Echsen-Fabelwesen, das eine übergroße rote stachelige Frucht balanciert - und ist einverstanden.

- Aber Sofia hat schon recht, dass Helmut gar nichts wollte. Wenn er wirklich alles ablehnt, übernehme ich das „wilde Kärnten", Sofia nimmt ja schon die „Vaterjahre".

- Ich kenne Helmut nicht gut genug, um beurteilen zu können, ob er es absolut ernst gemeint hat, oder ob nicht auch der übliche Beiklang dabei war, das sei doch bitteschön nicht nötig. Unsere Freunde sagen das auch immer und würden uns sicher als geizig oder nachlässig einstufen, wenn wir nichts mitbrächten.

- Mit einem Geschenk bringt man den Beschenkten auch in die Situation, dass er sich bedanken muss. So wird es Helmut jedenfalls empfinden. Erst erhält er ein unerwünschtes Geschenk, und dann soll er sich auch noch bedanken! Wie soll er das denn machen, welches sind die richtigen Worte? Wenn er es ablehnt, ist das eine Brüskierung der Gäste. All dies möchte er lieber vermeiden.

- Jetzt soll ich mir auch noch überlegen, welche Probleme sich für Helmut mit dem Bedanken ergeben. Das wird mir zu viel. Ich fühle mich einfach nicht wohl, wenn ich mit völlig leeren Händen komme und er macht sich all die Mühe, um sieben Leute den ganzen Nachmittag zu bewirten. Außerdem bin ich gerührt, dass er unserer Schreibgruppe einmal den Ort seiner Kindheit und seiner Erlebnisse zeigen möchte, von denen er so viel geschrieben hat, dass er uns so tief hinein schauen lässt in sein Leben. Die Bücher sind doch wirklich nur eine winzige Geste.

- Aber man sollte schon ernst nehmen, was Leute sagen. Da muss ich Sofia zustimmen.

- Und was ist mit dem Ernstnehmen der Bedürfnisse der Gäste, die sich für die Einladung bedanken möchten? Darauf sollte ein guter Gastgeber doch eigentlich auch Rücksicht nehmen!

- An so etwas denkt Helmut bestimmt nicht. Ihm sind Geschenke peinlich, und er möchte mit seinem Wunsch einfach ERNST GENOMMEN werden.

- Das ist doch genau die Schwierigkeit! Woher will ich denn wissen, was wirklich ernst gemeint ist? Wenn mich auf der Straße jemand anschaut, und ich erwidere den Blick nicht, heißt das, ich will nichts mit ihm zu tun haben? Und wenn ich den Blick erwidere, kann er dann damit rechnen, dass ich ein Gespräch mit ihm möchte? Jetzt kann ich gleich nicht mehr einkaufen gehen, weil ich bestimmt alles falsch mache! Ich dachte doch nur an eine kleine Aufmerksamkeit von jedem von uns. Was für eine Diskussion!

- Da hast du recht. Das sollten wir aufschreiben. Eine echt gute Schreibübung! - Aber pack die Bücher besser nicht ein. Sonst wirkt es wirklich wie ein Geschenk. Wir machen das eher so nebenbei.

- Und was ist mit der Karte? Auch keine Unterschriften?

- Nein, lass sie so wie sie ist!

- Na gut, dann tu ich alles in die Plastiktüte, die beiden Bücher, die unbeschriebene Hieronymus Bosch Karte mit Umschlag, die Rechnung und die beiden Lesezeichen. Und den Rest werden wir am Montag sehen.

Laura holt lustlos die transparente Buchhandlungstüte mit den roten Punkten, legt die beiden Bücher, die unbeschriebene Hieronymus Bosch Karte mit Umschlag, die Rechnung und die beiden Lesezeichen hinein und schiebt alles ans Ende ihres Sofas. Ein Sack Flöhe wäre einfacher, da könnte man drauf schlagen, wenn es einem zu viel wird, oder den Sack ins Wasser tunken. Das Schlimmste ist allerdings, dass ihr jetzt Zweifel kommen, ob die Büchergeschenke so eine gute Idee sind. Sie befürchtet, dass ihnen der Inhalt der

Tüte am Montag beim dritten und letzten Akt tatsächlich um die Ohren fliegen könnte.

Am Montag auf der Fahrt beschließen sie, die Rechnung aus der Tüte heraus zu nehmen und für die Übergabe auf einen passenden Moment zu warten.

Helmut führt sie in Haus und Garten herum und bittet sie zum Kaffeetrinken an den großen Bauerntisch. Nach dem Zwetschgenkuchen vom örtlichen Bäcker – von Helmut extra bestellt und mit von ihm selbst geschlagener Sahne serviert - liest Thomas die obige Geschichte vor. Helmut hört aufmerksam zu, seine Miene schwankt zwischen intensiver Anspannung und einem seltenen Anflug von Schmunzeln. Als Thomas zu Ende gelesen hat, holt Laura die Buchhandlungstüte mit Inhalt und stellt sie in das gespannt verlegene Schweigen hinein neben Helmuts Stuhl.

Helmut nimmt wortlos die Tüte hoch, schaut hinein und holt den Umschlag mit der Hieronymus Bosch Karte heraus. Er zieht die unbeschriebene Karte aus dem unbeschriebenen Umschlag und betrachtet sie ausgiebig. Dann lassen seine Gesichtszüge einen Hauch von Wohlgefallen erahnen.

Er sagt: - Ich habe es ERNST GEMEINT. Aber mein Dank an euch ist, dass ich euer Geschenk annehme! Und jetzt machen wir einen Spaziergang und ich zeige euch mein Dorf!

Die Maus

Anna sitzt am Schreibtisch, das Beratungstelefon in der Hand, den Blick durchs Fenster ins Freie gerichtet. Oft sind die Geschichten, die die Kinder ihr erzählen, erdrückend, ihre Probleme scheinen ausweglos. Dann braucht sie den Blick ins Grüne, in die Weite des Hofes vor dem Fenster. Er hilft ihr, sich nicht anstecken zu lassen und den Blick zu öffnen für die Suche nach Alternativen.

Manchmal erscheint vor der Fensterscheibe auf dem Sims ein kleines Mäuschen, braun und fast kugelrund, mit breitem Gesichtchen und ganz langem Schwanz, wuselt ein wenig herum, sucht angeregt nach etwas. Es muntert Anna auf, lenkt sie einen kurzen Augenblick ab von einem traurigen Gespräch, und gibt ihr Kraft, um dann mit einem Hauch von Hoffnung das Gespräch weiterzuführen. Am liebsten würde sie dem Kind am Telefon von der Maus erzählen, doch vielleicht würde es sich dann nicht ernst genommen fühlen. So unterlässt sie es.

Es gibt viele Zeiten, wenn Anna am Telefon sitzt, in denen kein Mäuschen auftaucht. Beinahe vermisst sie es dann.

Eines Tages ist ein 15-jähriger Junge am Telefon. Seine Freundin hat ihn verlassen und er ist so traurig, dass er davon spricht, sich das Leben zu nehmen. Sein bester Freund hat sie ihm ausgespannt. So hat er auch noch den Freund verloren. Er ist völlig verzweifelt und kann sich nicht vorstellen, dass das Leben weitergehen könnte und er eines Tages eine andere Freundin und einen anderen Freund findet. Anna kann nur zuhören, ihre Lebenserfahrung kann sie dem Jungen in seiner Stimmung nicht vermitteln. Der Junge weint und findet alles sinnlos. Anna beginnt sich zu sorgen, dass er es mit den Suizidgedanken ernst meint. Irgendetwas muss ihr einfallen, um den Jungen abzulenken bis die Talsohle durchschritten ist und er wieder Licht am Ende des Tunnels zu sehen beginnt. Sie zermartert ihr Hirn nach Verhaltenshinweisen aus ihrer Ausbildung. Doch dort ist ziemliche Leere und die Verzweiflung des Jungen beginnt, sich auch bei ihr einzunisten.

Etwas irritiert sie vor dem Fenster. Sie schaut genauer. Da ist das Mäuschen, so lebendig, dass es beinahe wie ein Tanz wirkt, den es für Anna aufführt. Anna schaut fasziniert, der Junge am Telefon tritt ein wenig in den Hintergrund in diesem Moment. Dann spürt sie ein Lächeln über ihr Gesicht ziehen. Das Mäuschen ist wirklich reizend. Der Junge schweigt. Hat er gemerkt, dass sie abgelenkt war? Was soll sie jetzt sagen, soll sie sich entschuldigen? Es ist so wichtig, dass er sich ernst genommen fühlt, dass sie als Beraterin ehrlich ist. Sie hat die Erfahrung gemacht, dass Ablenkungen am Telefon fast noch deutlicher wahrgenommen werden als von Angesicht zu Angesicht.

- Du, ich war gerade eine Sekunde von etwas irritiert. Ich muss dir erzählen, was ich hier vor meinen Augen habe auf dem Sims vor meinem Fenster: ein ganz süßes kleines Mäuschen, ganz rund. Ich glaube, es sucht etwas zu fressen und hat gar keine Angst vor mir. Schade, dass du es nicht sehen kannst! Es würde dir gefallen.

Der Junge schweigt. Anna schweigt auch, hält den Atem an und hofft, dass der Junge nicht auflegt. Sie spürt den Jungen in der Leitung, er ist noch da, er will noch weiter die Verbindung. Zu ihr. Zum Leben.

- Das Mäuschen ist immer noch da. Soll ich dir erzählen, wie es aussieht?

Weiter Schweigen, dann der Hauch von einem „Ja".

Anna erzählt dem Jungen von der Maus, wie schwarz ihre kleinen Kugelaugen sind, wie spitz das Schnäuzchen, wie lang die Barthaare, wie es sich dreht und fröhlich zu sein scheint. Das Schweigen des Jungen hört sich jetzt anders an, sie spürt wie sein Atem ruhiger wird, wie er beginnt ein wenig Hoffnung zu schöpfen. Dann klingelt auf seiner Seite ein Telefon.

- Geh ruhig dran, ich kann auf dich warten.

Sie hört den Jungen sagen, dass er eigentlich nicht kommen wollte, eigentlich etwas anderes vorhabe. Dann wieder längeres Schweigen, offenbar gibt sich jemand Mühe, ihn von einem Treffen überzeugen zu wollen. Dann endlich:

- Na gut, ich komm dann.

Als er sich wieder Anna zuwendet, klingt seine Stimme noch dunkel, doch schon fast normal, beinahe sachlich:

- Ich muss jetzt aufhören. Nina aus meiner Klasse will, dass ich mit zur Generalprobe komme. Die ist eigentlich ganz nett, ich sollte sie nicht enttäuschen. Danke.

Anna betrachtet weiter das Mäuschen. War es Zufall, dass es gerade jetzt kam, nach so langer Zeit? Diesmal bleibt es viel länger.

Annas Schicht ist zu Ende. Ihre Ablösung kommt herein, die Maus tummelt sich immer noch vor dem Fenster. Die Kollegin erschrickt und schreit auf:

- Eine Maus! Igitt. Gott sei Dank vor dem Fenster und nicht hier drin! Dass du das aushältst.

Anna lächelt und erwidert nichts. Sie wird das Geheimnis von den Zauberkünsten ihrer Maus nicht verraten.

Rauchen am Fenster

Samstagmorgen. Hannah hat in den Tag hinein geschlafen. Das macht sie gerne, wenn sie nicht zur Schule muss. Die Mutter ist mittelleise, aber deutlich hörbar, in Hannahs Zimmer gekommen, zieht die Vorhänge auf, öffnet das Fenster und lässt die Sonnenstrahlen herein. Noch am Fenster stehend sagt sie:

- Guten Morgen Hannah, Zeit zum Aufstehen!

Sie schaut hinaus in die Gemeinschaftsgärten hinter dem dreigeschossigen Mietshaus. Dann öffnet sie die Fensterflügel noch weiter und lehnt sich ein wenig vor.

"Was macht sie da", denkt Hannah, "hoffentlich will sie sich nur etwas strecken."

- Da sind ja schon wieder Kippen vor dem Fenster Hannah! Was macht das für einen Eindruck vor den Nachbarn! Du bist noch viel zu jung dafür und für Frauen schickt sich das nicht. Rauchen ist ungesund und wir haben es dir untersagt. Steh auf, zieh dich an und sammel die Kippen ein!

"Mist," denkt Hannah, "sie hat es gesehen. Dabei rauche ich extra nicht im Zimmer, den Rauch würde sie sofort riechen. Na ja, es gibt Schlimmeres, als die Kippen aufsammeln. Dann tue ich ihr eben den Gefallen."

Von unten ertönt die Stimme der Nachbarin, deren Fenster ebenfalls geöffnet ist:

- Frau Lenz, das macht doch nichts, die paar Kippen. Das macht Hannah schon lange so. Wenn´s mir zu viel wird, kann ich sie ja aufsammeln, so viele sind das ja nicht. Ist direkt vor meiner Tür und da kehre ich sowieso regelmäßig.

Bevor Hannahs Mutter etwas erwidern kann, kommt Wurzel, der Dackel vom Nachbarn aus dem Nebenhaus, schwerfällig angewackelt - er ist schon etwas ältlich. Zielstrebig bewegt er sich in Richtung der Kippen, das Herrchen an der lockeren Leine hintendran. Wurzel stoppt an der ersten Kippe schnuppert, öffnet sein Maul und will zubeißen. Da strafft sich die Leine, der Nachbar zerrt ihn weg.

- Immer diese dämlichen Kippen hier. Irgendwo muss ich mit Wurzel ja Gassi gehen können! Auf der Straße werde ich jedes Mal angepflaumt, ob ich die Haufen auch aufsammeln würde. Und jedes Mal muss ich ihn hier von dieser Stelle wegholen. Einmal hab ich es zu spät gemerkt und Wurzel hat mir zu Hause alles auf den Teppich gekotzt. So eine Schweinerei!

Er schimpft an die untere Nachbarin gewandt.

- Stört Sie dieser Dreck eigentlich nicht direkt vor der eigenen Tür? Ich hab gedacht, ich sei in eine ordentliche Nachbarschaft gezogen.

Die untere Nachbarin wird böse:

- Jetzt werden Sie aber mal nicht unverschämt! Ich verbitte mir solche Unterstellungen. Schließlich wohne ich nicht alleine hier im Haus. Kucken Sie mal hoch!

Wurzels Herrchen wendet den Kopf nach oben. Da steht Hannahs Mutter noch immer im Fenster, etwas hilflos das Geschehen verfolgend und nach einer passenden Reaktion suchend.

- Ach so, Sie sind das! Ich hab Sie eigentlich immer für 'ne solide Frau gehalten! Wie man sich täuschen kann! Haben Sie eigentlich schon mal 'was von Aschenbechern gehört, wenn Sie schon Ihr Laster nicht in den Griff kriegen?

Hannahs Mutter bekommt einen roten Kopf. Sie entschuldigt sich aufwendig. Es wird nicht wieder vorkommen, sie wird mit ihrer Tochter reden.

Die Tochter hat sich wieder in ihr Bett geschmiegt, möchte am liebsten die Decke über die Ohren ziehen. Welch ein Nachbarschaftsdrama wegen der paar Kippen. Die Idee mit dem Aschenbecher ist ja nicht schlecht, das hat sie auch schon überlegt - so blöde ist sie nicht, aber wo soll der Inhalt anschließend hin? Schließlich hat ihre Mutter Einblick in alle Mülleimer und der Gang zur Mülltonne ist Vaters Aufgabe. Es würde auffallen, wenn sie das jetzt übernehmen wollte. Außerdem wäre der Anblick von einem angesammelten Häufchen von Kippen im Müll noch viel alarmierender als der von ein paar verstreuten auf einem ungepflegten Rasen, wo einige auch unter den Grashalmen verschwinden.

"Also," denkt sie, "dann muss ich eben mit abendlichen Spaziergängen anfangen, wie Vater. Da weiß man auch nie, was er eigentlich macht. Und gegen frische Luft schnappen hat Mutter noch nie etwas gesagt."

Geburtstag

- Ich freu mich so auf meinen Geburtstag, am Sonntag feier ich!

Bettinas sonst eher melancholisch wirkendes Gesicht leuchtet. Ihre stoppelige Kurzhaarfrisur über dem großen, kräftigen Körper wirkt widerspenstig und lebensfroh.

- Wie kann man sich denn in unserm Alter auf einen Geburtstag freuen? tönt es ihr von den Anderen entgegen.

Sie sitzen zu fünft im Café Laumer bei ihrem monatlichen Damen-Treffen.

- Es geht mir ja gar nicht um den Geburtstag. Nur darum, dass ich mal wieder eine Rede halten kann. Früher, als ich noch im Betriebsrat war, kam ich mit meinen ironischen Bemerkungen immer so gut an. Jetzt Ich lade nur Freunde ein, die mir bestimmt keine Konkurrenz machen werden. Ich will es mir noch mal beweisen zu meinem 75sten.

Bettinas Gesicht strahlt.

Isabel in ihrer freundlich-abwägenden Art akzeptiert diese Erklärung. Aber:

- Solch einen Grund für eine Feier hab ich nicht. Eigentlich möchte ich die unerquickliche Zahl in diesem Jahr nicht auch noch mit einer Feier wichtig nehmen. Die letzten Jahre waren schon unschön genug - 67, 68, 69, - wie ein Countdown. Und jetzt die Sieben am Anfang - richtig erschreckend. Bin ich dann wirklich alt? Wann beginnt das eigentlich, das "alt sein"? Bisher bin ich einfach nur jedes Jahr älter geworden, ohne mich richtig alt zu fühlen. Aber jetzt werde ich Siebzig!

Sie seufzt tief:

- Am liebsten würde ich gar nichts machen. Aber das kann ich meiner Familie nicht antun. Die erwartet was von mir.

Dorothea, wie immer zur Perfektion gekleidet und dezent geschminkt, gibt gelassen zu, dass sie auch schon mal an den Geburtstag mit der runden Zahl im nächsten Jahr gedacht hat. Geburtstag feiern ist für sie selbstverständlich:

- Schließlich sollten wir uns über jedes weitere Jahr, das wir noch ohne nennenswerte Zipperlein erleben dürfen - ihr Oberkörper mit den lädierten Bandscheiben streckt sich - freuen und es zelebrieren. Bei uns wird es ein großes Fest mit allen Freunden geben, auch von weiter her. Wenn ich mich dem entziehen wollte, würden mich alle für verschroben oder eigenbrötlerisch halten.

Sie hat sich bislang noch keine Gedanken über die Zahl Siebzig gemacht.

- Jetzt habt ihr mich darauf gebracht! Das muss ein komisches Gefühl sein, solch ein Alter! Wie eine Zäsur, nach der alles anders wird! Ich fühle ich mich noch gar nicht so alt! Alt sind doch eigentlich immer nur die Anderen!

- Hast du jetzt gerade mich angeguckt? fährt Anita in gespielter Empörung auf.

Ihre schwarz gefärbten dünnen Haare stehen dabei widerborstig und verstrubbelt zu Berge. Ihre kräftig mit Kajal umrandeten Augen blitzen aus der in die tiefen Fältchen der Umgebung ausgelaufenen Wimperntusche angriffslustig hervor. Sie erinnert an eine ausgetrocknete alte Hexe, die die Gewohnheit des "hübsch Machens" für selbstverständlich hält, an den Erfolg aber nicht mehr glaubt, und dabei zu tief und zu hastig in den Farbtopf greift.

Der Eindruck von Alter verfliegt, sobald sie anfängt zu sprechen:

- Ich werd in diesem Jahr auch 75. Aber wen interessiert das? Mein Freund ist zwölf Jahre jünger, den kenne ich jetzt seit vierzehn Jahren und der weiß mein Alter immer noch nicht. Dem werd ich es doch nicht durch eine Geburtstagsfeier auf die Nase binden. Alter ist für mich überhaupt kein Thema. Ich halte die kleinen Grauen auf Trab im Schachklub, wo ich noch die meisten Männer schlage, spiele ein paarmal in der Woche Tennis und jogge jeden Tag meine 10 Km. Und wenn ich mal Zeit zum Verschnaufen hätte, sind meine Enkel dran. Die bringen mich dann wieder in Schwung.

Man ist so alt wie man sich fühlt. Ich fühle mich blendend!

Vielleicht ist es die heiße Zitrone - von Cornelia heute aus Rücksicht auf ihre nicht mehr schlanke Linie ihrer üblichen heißen Schokolade mit Schlagsahne vorgezogen - die sie säuerlich werden lässt. Jetzt platzt sie heraus:

- Du hast gut reden. Tennis spielen musste ich nach zwei Knieoperationen vor 15 Jahren schon aufgeben. An joggen ist überhaupt nicht zu denken mit meinem Bandscheibenvorfall. Und Enkel sind bislang nicht in Sicht. Ich frage mich schon, ob ich das überhaupt noch erlebe. Aber was ganz anderes fällt mir gerade auf: bisher war mir überhaupt nicht in den Sinn gekommen, dass ich in diesem Jahr wieder ein Jahr mehr haben werde. Ich hatte doch gerade erst Geburtstag! Und wenn es nach meinen heimlichen Berechnungen ginge, nämlich dass der Mittelwert der Sterbealter meiner beiden Eltern - mein Vater wurde 94 und meine Mutter 54 - das Zielalter für mich wäre, hätte ich jetzt das Ende erreicht. Ein sonderbares Gefühl!

Sie lacht versuchsweise. Es schwingt Verunsicherung mit.

Ein kurzer Augenblick der Stille. Dann versucht Isabel diese Vorstellung zu entschärfen:

- Ich hab auch schon mal so eine Rechnung angestellt. Aber das ist ja Unsinn! Außerdem steigt doch die Lebenserwartung in unserer Gesellschaft ständig, das müsste man dann auch einrechnen. Und dann noch die zwei Jahre, die Frauen länger leben als Männer. Wir haben also in jedem Fall noch Zeit!

Doch Cornelias Zitrone wirkt weiter:

- Und da ist noch etwas: Schon ab Mitte zwanzig, habe ich mich immer ab jedem neuen Geburtstag ein Jahr älter ausgegeben, als ich geworden war. So wollte ich mich schon mal an die nächst-höhere unangenehme Zahl gewöhnen. Wenn es dann so weit war, hab ich es kaum gemerkt. Aber diesmal hab ich das nicht gemacht. Wenn ihr nicht eure Geburtstage erwähnt hättet, würde ich immer weiter auf 74 Jahren stehen bleiben. Ich hab diesmal völlig vergessen, mich älter zu machen. Das ist ein ernstes Zeichen, sehr ernst! Ich glaub, jetzt bin ich wirklich alt!

Cornelia sinkt deprimiert in sich zusammen und gibt sich düsteren Gedanken hin.

Doch plötzlich strafft sich ihr Rücken, sie richtet sich auf und verkündet mit fester, hoffnungsfroher Stimme:

- Wenn ich mich 50 Jahre lang immer ein Jahr älter gemacht habe, geht das jetzt auch anders rum! Von nun an werde ich mit jedem Geburtstag ein Jahr jünger. Ich strebe jetzt die "Fünfzig" an!

Der Schlüssel

Sie will den neuen Gartentisch für die Terrasse abholen. Nach wochenlanger Suche hatte sie festgestellt, dass einfache Kunststofftische in weiß nicht mehr in Mode waren und sie daher einen bestellen musste. Gestern kam der Anruf, der Tisch stünde abholbereit im Laden. Sie müsste nur noch zu Hause die mitgelieferten Beine einstecken.

Beim Betreten des großen Haushaltswarengeschäftes sieht sie ihren Tisch, angelehnt an der Wand neben dem Eingang, ein flaches handliches Paket, praktisch verschweißt mit den losen Beinen fixiert unter der Folie. Ein Zettel mit ihrem Namen ist mit Tesafilm angeklebt.

Vor ihr wird ein anderer Kunde bedient, ein kleiner Mann, schon etwas älter, dunkelhaarig mit einem faltigen Gesicht. Was er sagt, versteht sie nicht. Ist das Platt? Der junge drahtige Verkäufer mit einem blond-akkuraten Kurzhaarschnitt antwortet in einem fast perfekten Hochdeutsch. Er würde sicher Platt benutzen, wenn er einen Einheimischen vor sich hätte, er ist doch wohl von hier. Der Kunde hat einen Schlüssel in der Hand, einen Sicherheitsschlüssel, hält ihn hoch, wedelt damit vor dem Gesicht des verdutzten Verkäufers. Irgendetwas scheint damit nicht in Ordnung. Er fährt mit der anderen Hand über die Zahnseite.

- Nicht richtig … abschleifen!

Es ist doch Hochdeutsch, was er versucht zu sprechen aber durchsetzt mit einer anderen Sprache, vom Deutschen immer nur ein paar Brocken.

Der Verkäufer erklärt mit freundlicher Miene:

- So kann ich nichts machen. Ich brauche den Originalschlüssel, um Ihren zu korrigieren.

Der Kunde schwenkt aufgeregt den Schlüssel:

- …18 Kilometer! … kommt unter anderem aus seinem Mund.

Wieder ein erregter Griff zur Zahnseite des Schlüssels.

Die Angelegenheit kann noch dauern, denkt sie, und der Wochenmarkt wird bald schließen. Sie will dort noch junge Klei-Kartoffeln kaufen, die letzte Gelegenheit vor ihrer Heimfahrt nach Frankfurt. An den Verkäufer gewandt wagt sie einen kurzen Einwurf:

- Ich möchte nur meinen Tisch bezahlen, er steht da drüben. Ginge das vielleicht zwischendurch?

Der Verkäufer schaut flüchtig auf, dann ausdruckslos wieder zurück zum Kunden, der noch nicht zufrieden gestellt wurde.

- Sie können höchstens einen neuen Zylinder mit zwei neuen Schlüsseln einbauen. Aber das ist viel teurer.

Der kleine Mann will wissen, was es mit dieser Option auf sich hat. Der junge, immer noch freundliche Verkäufer und er verschwinden zwischen zwei Regalen. Von dort hört man:

- ...etwa Zwanzig Euro...

und

- So teuer!!

Wortfetzen und zorniges Radebrechen.

Eine neue Kundin, die vor wenigen Minuten den Laden betreten hat, wirft ihr einen verständnisvollen Blick zu und zieht sich - der Gefechtslinie ausweichend - zu den Gartenmöbeln in den hinteren Teil des Ladens zurück. Die neugierigen Blicke unter ihrem gesenkten Kopf verraten ihr Interesse am Schlüssel-Geschehen.

Der Film des kleinen Mannes scheint in einer Endlosschleife fest zu hängen. Als der Verkäufer kurz hochblickt - seine Freundlichkeit ist etwas abgeebbt - nutzt sie die Gelegenheit, sie ist ihnen gefolgt:

- Vielleicht ganz kurz zwischendrein? Ich hab das Geld auch passend abgezählt bereit.

Der Verkäufer zeigt keine Reaktion, sondern dem Kunden einen anderen Zylinder:

- Der kostet allerdings 39,- Euro.

Der Kunde wird hektisch und verlässt die Regale, kommt zurück zur Kasse. Der Verkäufer ebenso. Sie hinterher. Das Wedeln mit dem Schlüssel fängt an, bedrohlich zu wirken. Es ist deutlich, er ist noch nicht am Ende.

Sie legt ihm vorsichtig und beruhigend die Hand auf den Arm und fragt mit der erlesensten Höflichkeit, die ihr möglich ist:

- Würde es Ihnen vielleicht etwas ausmachen, wenn ich gerade meinen Tisch bezahle? Er steht fertig da drüben.

Der kleine Mann dreht sich voll zu ihr um, sieht sie an, hebt den Schlüssel und fuchtelt vor ihrem Gesicht:

- Kaputt! … Richtig machen…

Er will sie offenbar in dieser feindlichen Geschäftswelt auf seine Seite ziehen. Zwei gegen den Verkäufer klappt vielleicht besser. Der Aufforderung ist sie nicht gewachsen, sie wendet den Blick ab. Der Kunde sprudelt hastig weiter, jetzt an sie gerichtet.

Der Verkäufer hat die kurze Pause genutzt, in der der Kunde ihn aus seiner Aufmerksamkeit entlassen hat, ist zu ihrem Tisch gegangen, hat ihn geholt, etwas in die Kasse eingetippt und schiebt ihr jetzt wortlos einen Kassenbon hin. Sie zahlt ebenfalls wortlos. Der Verkäufer richtet sich wieder an den Kunden:

- Möchten Sie jetzt einen neuen Zylinder?

Bei dem darauf folgenden Schwall unverständlicher Worte flieht sie mit ihrem Tisch zum Ausgang.

Die Kundin hinter ihr, die aus sicherer Entfernung bei den Gartenstühlen das Schauspiel verfolgt hat, lächelt ihr bei ihrem Abgang zu. Und sie bekommt sogar noch ihre jungen Klei-Kartoffeln beim Wochenmarkt.

Beim Einschlafen am späten Abend fragt sie sich, wie der kleine Mann wohl entschieden haben mag.

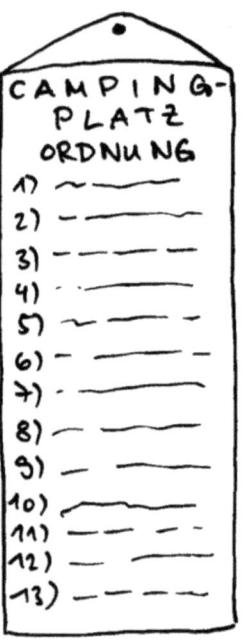

Die Campingplatzordnung

Sie fuhren am Bodensee entlang in Richtung Südtirol, wollten im Oktober noch ein paar warme Tage erleben mit ihrem neuen Wohnmobil. Es war die Jungfernfahrt nach jahrzehntelanger Pause, in der ihnen wegen der Kinder das Campen zu anstrengend gewesen war.

- Ob es den kleinen Campingplatz am Wasser wohl noch gibt, auf den wir damals so oft mit deinen Eltern gefahren sind? Sie haben immer in ihrem Wohnwagen übernachtet und wir im Zelt.

"Damals" lag gut vierzig Jahre zurück.

- Den gibt´s sicher nicht mehr. Hier hat sich alles verändert, so ein kleiner Platz konnte sich bestimmt nicht halten.

- Wir können ja einfach mal schauen. Es ist kein großer Umweg.

Sie bogen von der Höhenstraße ab und folgten ihrer Erinnerung. Einmal nahmen sie eine falsche Abfahrt, doch dann erkannten sie den versteckten, kaum gekennzeichneten Zugang. Sie ließen das Wohnmobil stehen und führten die Erkundung zu Fuß weiter.

Der Platz war geöffnet, doch praktisch verlassen in der Nachsaison. Alles war wie damals einschließlich des Zauns, der den Platz vom Uferweg abgrenzte, und rechterhand die Waschhäuschen, deren Aussehen auch in der Anstrichfarbe genau mit ihrer Erinnerung übereinstimmte.

- Du schau mal, das hier ist anders: Auf dem Rasenstück am Wasser stehen Blumentröge mit Geranien. Das sieht dem alten Waller gar nicht ähnlich.

Sie rätselten, was es mit den Blumentrögen auf sich haben könnte.

- Hat der junge Waller damals nicht eine Thailänderin mitgebracht und geheiratet? Das muss ihr Werk sein.

Sie sieht einen Mann am Ende des Platzes:

- Dahinten, ist das nicht der alte Waller? Der sieht genau so aus.

Er blickt unauffällig in die Richtung des Mannes:

- Nein, das kann gar nicht sein, der müsste jetzt viel älter sein. Ich glaub das ist der junge Waller. Der ist ihm ja wie aus dem Gesicht geschnitten!

Sie will wissen, ob sich innen in den Waschräumen etwas geändert hat, und verschwindet dort. Dann:

- Du glaubst es nicht. Alles unverändert, dieselben Fliesen, noch die alten Waschbecken, dieselben Münzautomaten, jetzt allerdings auf 50 Cent umgestellt und nicht mehr Pfennig. Aber alles pikobello sauber.

Auch er will es wissen.

Während sie auf ihn wartet, fällt ihr Blick auf den kleinen Kasten neben der Waschhaustür. Ein Aushang, die Campingplatzordnung. Leicht gelbliches Papier, schon lange nicht mehr frisch ausgedruckt. Sie fängt an zu lesen. Als er herauskommt und freudig bestätigt, wie bekannt ihm alles ist, meint sie:

- Du musst mal den Aushang lesen! Es ist nicht zu fassen! Das haben wir damals gar nicht beachtet.

Der Mann, der entweder der alte oder der junge Waller sein könnte, nähert sich ihnen behutsam, er will mögliche Gäste nicht verschrecken. Als er vor ihnen steht, erkennen sie wie alt sie selbst geworden sind. Er sieht tatsächlich aus wie der Alte und ist doch mit ihnen in etwa altersgleich.

Sie kommen ins Gespräch. Sein Vater sei vor ein paar Jahren gestorben. Eigentlich möchte er selbst mit dem Platz bald aufhören. Aber bei seinen Kindern sei noch nicht klar, wer von den beiden den Platz übernehmen will. Sie sind noch in der Ausbildung.

Sie schwärmt von damals:

- Es ist so wunderbar, dass hier alles noch so ist wie früher. Wir sind immer so gerne zum Segeln gekommen fürs Wochenende während unserer Studienzeit und danach Ende der 60er Jahre. Damals waren wir noch bedürfnislos und haben das Zelt benutzt.

Er kann der Versuchung, Herrn Waller auf das vergilbte Blatt im Aushangkasten hinzuweisen, nicht widerstehen:

- Wissen Sie eigentlich, Herr Waller, dass wir wegen Ihnen geheiratet haben? Hier in ihrer Platzordnung von 1965 steht, dass unverheiratete Paare auf Ihrem Platz getrennte Zelte zu benutzen haben, sonst gäbe es einen Platzverweis.

Sie fügt scherzend hinzu:

- Bei Ihnen war ja immer alles so korrekt. Wir konnten nie sicher sein, ob Sie nicht doch mal kontrollieren würden. Wir wollten Sie auch nicht länger beschummeln!

Herr Waller lacht.

Eine dunkelhäutige Frau ruft aus dem Eingang des Wohnhauses zum Abendessen. Sie merken, dass er dem Ruf gerne folgt.

- Vielleicht kommen wir im nächsten Frühjahr mit unserem Wohnmobil wieder.

Sie tun es wirklich. Beiläufig schauen sie in den Kasten vor dem Waschhäuschen. Sie schmunzeln und sind gleichzeitig enttäuscht: Die Platzordnung ist durch eine moderne ersetzt worden. Bei unehelicher nächtlicher Zweisamkeit unter einem Dach droht kein Platzverweis mehr.

Da kommt Herr Waller und sieht ihre prüfenden Blicke.

- Ja, ich habe die Platzordnung den modernen Zeiten angepasst. Wir wollen weiter korrekt bleiben. Nun können Sie sich auch wieder scheiden lassen und trotzdem weiter auf meinem Platz übernachten.

Zeigen, wer der Herr ist.

Teresa mag Otto: ein aufmerksames Gesichtchen, aus dem zwei kugelrunde schwarze Augen direkt in deine sehen, und immer gut gelaunt. Seit einem knappen Jahr gehört er zum Zwei-Personen-Haushalt ihrer Tochter. Er kam als Baby einer dieser überzüchteten Hundeschöpfungen mit Namen Französische Bulldogge, kurz "Frenchie", mit Riesen-Brustkorb, zartem Hinterteil, großen immer senkrecht stehenden Fledermaus-Ohren und der eingedrückten Schnauze einer Bulldogge. Sie seien schwer erziehbar, wird von ihnen gesagt. Der Beweis ist allerdings von der Tochter noch nicht erbracht worden - der Vorsatz, eine Hundeschule zu besuchen konnte wegen Zeitmangels noch nicht in die Tat umgesetzt werden, weil man so viel mit Otto zu tun hat. Also hört er höchstens zufällig und nur nach eigenem Ermessen. Seine Vorteile sind die minimalistischen Zähne - ungeeignet zu kämpferischem Verhalten, gerade ausreichend zum Spielen mit seinen Kuscheltieren - und seine Bereitschaft, stundenlang allein in der Wohnung zu bleiben. Letzteres gab den Ausschlag, sich für seine Rasse zu entscheiden.

Mit etwas Wohlwollen mag Teresa ihn als hübsch bezeichnen: ein schwarzbraun glänzendes Kurzhaarfell, wache, intensive Augen und immer ein aufgeregt freudiges Wedeln von dem Knubbel an der Stelle, wo zu einer früheren Zeit der Schwanz gewesen sein muss. Am besten gefallen ihr seine beiden Bällchen, die mit zartem hellbraunen Flaum bedeckt wie zwei Wachteleier zwischen seinen Mini-Hinterbeinchen heraus leuchten und jedem sagen: Ich bin ein Männchen.

Bislang hat sie sich geweigert, Otto in ihrer eigenen Wohnung zu betreuen, erst wenn er besser hören würde und nach der Hundeschule!

- Ja, ich weiß, Mama!

Zweimal hatte sie allerdings bereits das Vergnügen, Otto Gassi führen zu dürfen. Es war gut gegangen. Otto hörte zwar nicht besonders, aber da er so oder so an der Leine war, musste sie nur ausreichend kräftig ziehen und zerren, um den Widerstand der schmächtigen Hinterbeine zu brechen, wenn er nicht auf den richtigen Weg wollte. Seine Mini-Zähnchen und sein kraftloses Hinterteilchen waren ungeeignet, ihr seinen Willen aufzuzwingen.

Gestern Morgen war sie bei der Tochter:

- Ich brauche deine Beratung.

Stummel-Wedeln von Otto, dann wieder Konzentration auf das Kuscheltier, dem er versucht, den Plüschpanzer abzuknabbern. Auf dem Sofa sitzend bespricht sie den geplanten Mantelkauf mit der Tochter.

Otto bringt ihr die lädierte Plüschschildkröte aufs Sofa und will, dass sie mit ihm spielt. Das Plüschtier ist ihr zu nass von seinem Speichel.

Hundespeichel ist doch stark giftig, da müsste ich mir nachher die Hände desinfizieren.

Otto lässt sich neben ihr auf dem Sofa nieder - das darf er bei der Tochter - zerrt auffordernd an der Schildkröte.

Sie schaut Otto an. Er hat wirklich ein nettes Gesichtchen. Und diese Augen, so groß, als ob sie einem direkt ins Herz schauen wollten. Jetzt sieht sie, dass die Lefzen ein wenig ungleichmäßig sind, die linke Seite hängt etwas herab.

Ob das von dem Knabbern an der Schildkröte kommt? Wird seine Schnauze später wieder gleichmäßig? Wie wird er wohl aussehen, wenn er zehn Jahre älter ist? Wahrscheinlich kommt dann das Bulldoggengesicht richtig zum Ausdruck und mit der herunterhängenden Lefzen-Seite sieht er dann richtig hässlich aus. Der Flair des Babyalters ist ohnehin schon fast vorbei, auch die Wachteleier kommen nicht mehr so hübsch zur Geltung wie am Anfang. Er ist eben doch nur ein Hund aus einer eigenartigen Rasse, deren Aussehen von eingedätschten Schnauzengesicht geprägt wird. Und dann noch eine schiefe Lefze!

Ottos Kopf bewegt sich nicht, die Augen bleiben weiter genau auf sie gerichtet. Wie ein tiefer Brunnen, der alles aufnimmt und nicht wieder hergibt. Nur die runden Ohren verändern sich, werden flach und legen sich am Kopf zur Seite. Teresa sieht sie nur noch als Striche, die ein Dreieck bilden. Soviel weiß sie über Hunde: Otto ist verärgert, angelegte Ohren bedeuten Gefahr.

Ich habe doch gar nichts gemacht, weder angefasst noch gedroht, einfach nur eindringlich angesehen. Er fühlt sich doch nicht etwa angegriffen, ohne jeglichen Grund? Oder hat er meine Gedanken gelesen? Hat er gemerkt, dass ich kritisch über ihn nachdenke, dass mir nicht gefällt, was ich sehe?

Teresa wird eigenartig zumute, was geht hier vor sich? Sollte sie jetzt Angst bekommen?

Ottos Ohren werden noch flacher, das Dreieck ist fast nicht mehr zu sehen. Jetzt wird ihr unheimlich. Er sieht nun noch gefährlicher aus, ist eindeutig in Warn-Haltung.

Er hat auch noch meine Angst gespürt, jetzt geht gar nichts mehr!

Sie fühlt sich ertappt, versucht ruhig zu bleiben, aber schaut weg, auf ihre Hände. Sie spürt, wie Otto ebenso unbeweglich sitzen bleibt, wartet und nichts tut.

Wie komme ich aus dieser Nummer raus?

Sie wartet. Otto wartet.

- Welche Farbe fändest du denn am besten für mich, fragt sie endlich ihre Tochter, die ihr etwas antwortet, was sie nicht aufnimmt.

Otto wendet sich wieder der Schildkröte zu. Gerettet.

Nachdem Teresa mit der Tochter beschlossen hat, den Mantel mit ihr gemeinsam zu kaufen, fragt sie:

- Kann Otto eigentlich Gedanken lesen?

- Nein, das kann er nicht. Aber er spürt ganz genau die Emotionsströme, die man empfindet.

Aha. Er hat mich also doch durchschaut.

Am Nachmittag erzählt sie das Erlebnis einer hunde-kundigen Freundin. Die erklärt:

- Man muss Hunde ganz intensiv anschauen, ihnen zeigen, wer der Herr ist. So lange, bis der Hund weg-schaut. Hunde brauchen das so. Sonst akzeptieren sie einen nicht als Herren.

So ist das also. Hoffentlich habe ich mir da nicht eine nie wieder gut zu machende Blöße bei Otto gegeben. Das nächste Mal muss ich so lang in die unergründli-chen schwarzen Knopfaugen schauen, bis er aufgibt. Und was soll ich dabei denken? Ich bin dein Herr, du musst dich unterordnen!? Wird er nicht spüren, dass ich eigentlich ganz verunsichert bin, weil ich weiß, dass er mich besser durchschaut als ich ihn? Wie soll ich da Frauchen spielen?

Teresa muss es trotzdem versuchen. Sonst wird sie beginnen, sich wirklich vor Otto und seiner Überlegen-heit zu fürchten.

Nina und Peter
Just Married

Überraschungen

Da scheint sich ja doch etwas zu tun, denkt sie.

Beiläufig beim letzten gemeinsamen Mittagessen vor ihrem dreiwöchigen Urlaub erwähnt ihre Tochter, dass sie jetzt doch überlegt, ob sie nicht vorher noch zum Standesamt gehen sollten. Das schiene einfacher zu sein, als erst das Neugeborene vom Vater anerkennen zu lassen, damit es seinen Nachnamen erhält und das heiraten irgendwann, wenn's besser passt, nachzuholen. Sie hatten gedacht, das sei alles recht einfach. Aber mehr Bürokratie sei es doch.

Die Mutter unterdrückt ihre Begeisterung. Die Tochter brächte es fertig, aus Trotz einen Rückzieher zu machen. Ein uneheliches Kind ist heute zwar kein Drama mehr, doch ist es sicher nicht verkehrt, wenn ihr lang ersehntes erstes Enkelkind ehelich zur Welt kommt. Von den Vorteilen des Ehegattensplitting und der Versorgungsansprüche ganz zu schweigen. Die Mutter ist vorsorglich - man weiß ja nie.

Aha, denkt sie, sie will mir also andeuten, dass ich während des Urlaubs mit einer Nachricht rechnen kann: "Und übrigens, wir haben gestern geheiratet". Sicher ohne Feier, denn die Tochter hält heiraten eigentlich für überflüssig, wenn nicht gar spießig. Vielleicht ein gemeinsames Mittagessen mit den Trauzeugen - aber mehr nicht. Auch keine Eltern. Es geht ja nur um das Kind.

Das Kind ist zur Entbindung in drei Monaten vorgesehen. Der Bauch der Tochter ist nicht zu übersehen. Hoffentlich lassen sie sich nicht zu viel Zeit mit der Standesamt - Entscheidung.

Die erwartete What´s App kommt an ihrem dritten Urlaubstag. Sie lautet anders als gedacht: "Wir haben eine freudige Nachricht. Peter und ich wollen heiraten und möchten, dass Ihr und mein Bruder dabei seid. Bitte haltet euch den 26.8. frei. Sollte euch der Termin nicht passen, gebt bitte Bescheid."

Vater, Mutter, Sohn bestätigen begeistert den Termin. Nach zwei Tagen eine weitere What´s App: "Peter hat leider vergessen, dass an dem Tag sein Patenkind Geburtstag feiert und er dabei sein muss. Ginge es eine Woche später am 2.9.?"

Alle bestätigen, die Begeisterung etwas schwächer.

Wieder zwei Tage später: "Peter hat vergessen, dass am 2.9. Einschulung seines Patenkindes ist. Da muss er hin. Wir konnten jetzt gerade noch einen Termin am 27.8. um 9:10 ergattern. Geht das für euch? Sorry!"

Die Begeisterung von Vater, Mutter und Sohn schwächelt deutlich.

Vater bemerkt: - Hoffentlich vergisst der angehende Bräutigam den Termin beim Standesamt nicht. Was für eine Terminplanung hat der eigentlich?

Mutter freut sich trotzdem und ist entspannt. Es gibt nichts zu planen, die Brautleute wollen keine Geschenke und keinen Aufwand. Die richtige Feier mit allen Leuten soll nächstes Jahr stattfinden. Ganz groß. Wenn das Kind erst einmal da sei, habe man genügend Zeit und Ruhe. Im Augenblick hat die werdende Mutter keinen Nerv für Organisatorisches.

Voller Freude erzählt die werdende Großmutter der sie begleitenden Freundin von dem bevorstehenden Ereignis und dass es nichts zu tun gäbe.

Die meint:

- Ja, das sagen sie alle. Bloß keinen Aufwand. Gar nichts darf man machen. Und dann sind sie so froh. Also, du kannst meine Backförmchen mit dem Stempeldruck "Just Married" haben. Die weißen Girlanden und den künstlichen Blumenschmuck hab ich auch noch. Und den Oldtimer wird mein Mann euch bestimmt auch ausleihen. Und nicht vergessen, die Blechdosen zum Anhängen. Und das Schild zum Aufstellen im Auto "Just Married".

- Die wollen aber so was nicht, hat meine Tochter gesagt!

- Mein Sohn hat vor drei Jahren geheiratet. Auch bloß gar nichts und dann war er so zufrieden. Und natürlich musst du auch Sekt dabei haben, alkoholfrei für die schwangere Braut und ein paar Häppchen. Irgendwo innen wird's ja wohl eine Ecke geben, oder auch draußen davor. Wo heiraten sie eigentlich? Es gibt ja mehrere Standesämter in Frankfurt.

- Gute Frage. Ich dachte im Römer!

Der Herzschlag der Mutter hat sich beschleunigt, ihre Gesichtsfarbe ist intensiv rot. Die Schilderung der Freundin hat ihr klar gemacht, dass die Sache doch nicht so einfach werden wird.

Die Freundin lässt nicht locker: - Wie sind denn deine zukünftigen Schwiegereltern? Verstehst du dich mit denen? Die wollen sicher auch was machen, da muss man sich abstimmen. Und dann die Geschenke!

Ach ja, die Schwiegereltern, da muss ich jetzt wohl auch noch ran, denkt die Mutter. Sie kennt sie nur flüchtig und richtig warm sind sie nicht miteinander geworden bei den beiden Höflichkeits-Einladungen.

- Die wollen doch nichts! Erst im nächsten Jahr.

- Aber du kannst doch nicht mit völlig leeren Händen dastehen! Und wenn sich die Schwiegereltern nicht dran halten und du hast nichts - wie sieht das denn aus! Und wer bezahlt denn das Frühstück danach?

- Ich hab unserer Tochter angeboten, dass wir das übernehmen. Früher war das ja so üblich, dass die Brauteltern die Hochzeitsfeier ausrichten.

- Tja, sozusagen als Mitgift, weil die Töchter keine Ausbildung hatten. Heute ist man da nicht so gebunden. Oft wollen sich die Schwiegereltern auch beteiligen. Und dann gilt da die Regel: Wer bezahlt, bestimmt auch die Einladungsliste. Deshalb machen das viele junge Leute heute lieber selbst.

- Bei unseren Freunden haben in der letzten Zeit so viele der Kinder geheiratet. Aber ich hab nie nach den Einzelheiten gefragt. Ich weiß nur von einer Riesenhochzeit in Luxemburg. Der Vater hatte seine Tochter gefragt, ob sie € 20.000 in bar haben wolle, oder die Ausrichtung der Feier. Sie wollte die Feier und hat 200 Leute für drei Tage eingeladen. Die Zeremonie in einer kleinen Kapelle in der Einöde mit Sektempfang im Freien, Zeltdächern gegen den Regen und Dixi-Klos aus Deutschland. Die tatsächlichen Kosten für das Event wollte der Vater dann nicht mehr erläutern und winkte mit einem erschöpften Lächeln ab. Ein total abschreckendes Beispiel für mich.

- Na egal. Auf jeden Fall musst du klären, wie die Brautleute sich das vorstellen.

Zunächst einmal stellt sich der Brautvater etwas vor. Wenn er schon das Frühstück bezahlen soll, soll es auch etwas Besonderes sein. Das Café im Nordend ist ihm nicht bekannt, befragte Freunde meinen: - Ach so, das. Ein ganz normales Cafe.

- Wie wär´s denn mit dem Kempinski in Falkenstein? meint er zur Mutter.

Die ist überrascht über die ungewohnte Großzügigkeit ihres Mannes und beginnt mit den organisatorischen Vorklärungen: Gibt es einen passenden Raum? Was denken die Schwiegereltern, und wie ließe sich das Ganze zeitlich gestalten? Der angebotene Oldtimer käme dann endlich passend zur Geltung.

Sie fasst sich ein Herz und ruft endlich die zukünftige Schwiegermutter ihrer Tochter an. Es wird eine langes Gespräch. Unter anderem über Tochter und Sohn, dass es ja so schön ist, dass beide nun doch... Solch eine Überraschung. Apropos Überraschung: Die Schwiegereltern wollen natürlich wie gewünscht nichts schenken, aber als Überraschung eine Übernachtung in einem tollen Hotel in Frankfurt bezahlen.

Die Mutter denkt sich in die Empfindungen ihrer in letzter Zeit sehr gestressten und zu Irritationen neigenden schwangeren Tochter ein, die mit ihrem Bauch zu kämpfen hat. Ob die nicht lieber nach der Trauung und dem Brunch mit den Hochzeitsgästen ins Bett fallen möchte und ihre Ruhe haben? Und dann ist da noch der Hund, der müsste über Nacht fremd-versorgt werden. Als Überraschung könnte das völlig schief gehen.

- Ja, der Hund, meint die Schwiegermutter. - Unser Fall ist der ja nicht. Aber er war doch schon öfter bei euch?

Die Mutter korrigiert:

- Nein, wir haben ihn nur im Notfall ein paar Mal Gassi geführt. Bei uns zu Hause geht das nicht, weil er ja kaum erzogen ist und auf allen Möbeln rumspringt. Und dann noch ins Bett.

Die beiden Mütter haben einen Punkt der Übereinstimmung gefunden: Hundeerziehung ist nicht die große Stärke ihrer Kinder und beide Elternteile halten sich mit ihrer Aushilfsbereitschaft bedeckt.

Mutter: - Wenn die Feier im Kempinski statt fände, wäre eine Übernachtung dort eigentlich sehr schön. Vielleicht akzeptieren die auch Hunde. Soll ich mal im Kempinski fragen? Und unsere Beiden, ob ihnen auch das Kempinski recht wäre?

Schwiegermutter: - Ja, aber nicht die Überraschung verraten!

Mutter: - Na, ganz ohne Andeutung bekomme ich ja nicht heraus, ob sie auch zu einer Auswärts-Übernachtung bereit wären.

Schwiegermutter: - Aber bitte so, dass sie nichts merken.

Mutter: - Ich versuch mein Bestes.

Die Mutter klärt: Im Kempinski sind alle passenden abgetrennten Räume bereits reserviert. Nur der Kaminraum, den die Mutter ohnehin im Kopf hatte, ließe sich so kurzfristig noch arrangieren. Hunde sind auf den Zimmern erlaubt und voraussichtlich könnten sie auch noch ein Zimmer mit Panorama-Blick auf Frankfurt frei machen.

Beim Nachmittagskaffee am Donnerstag unterbreiten Vater und Mutter dem Brautpaar den Kempinski-Vorschlag. Zur großen Überraschung der Mutter ist ihre Tochter sofort interessiert. Der Schwiegersohn dagegen zögert und erbittet Bedenkzeit. Den Grund für seine Reserve versteht die Mutter erst beim Nachspiel einige Tage später. Er, der immer sehr für aufwändige Events zu haben ist, will sich das Kempinski erst noch mal im Internet anschauen und wissen, wie man das mit dem Brunch gestalten könnte.

Vater ist voll dabei und hat die geniale Idee, dass das Brautpaar sich die Örtlichkeiten selber anschauen sollte, bevor es seine endgültige Entscheidung trifft. Es soll ja nichts über ihren Kopf hinweg passieren. Ob sie sich auch vorstellen könnten am Abend dort zu übernachten. Die Braut spontan: Aber sicher!

Mutter ruft Schwiegermutter an, dass die Kinder wohl mit Kempinski einverstanden sein werden und es mit der Übernachtung klappen würde.

Schwiegermutter: - Aber die ist doch eine Überraschung?

Mutter: - Na ja, ich musste sie schon fragen, ob ihnen das recht wäre, sie ahnen also etwas, anders ging es nicht.

Die Mütter überlegen nun - da sie sich schon mal an der Strippe haben - wie sie ihre Kinder um die Trauungszeremonie herum verwöhnen könnten.

Schwiegermutter: - Was hältst du von Brieftauben? Ich kenne einen Taubenzüchter. Der kommt mit seinem Korb, Braut und Bräutigam können jeder eine Taube aus dem Korb nehmen und in ihre hoffentlich wunderschöne Zukunft fliegen lassen.

Mutter denkt nach und meint dann vorsichtig:

- Ich weiß nicht, ob das für Nina das Richtige ist mit ihrer Allergie. Sie passt ja ohnehin so sehr mit der Hygiene und dem Essen auf wegen des Babys. Wenn, dann ginge das nur mit Handschuhen. Das sieht aber vielleicht ein bisschen komisch aus. Wie wäre es denn mit Gas-Luftballons? Das wäre doch auch sehr hübsch.

Schwiegermutter: - Ist das denn erlaubt? Können die nicht den Flugverkehr stören? Ach ja, übrigens ist es dir recht, wenn ich die Hochzeitstorte mache? Ich dachte an eine Kirschtorte, die meine Kinder immer so lieben, in Herzform.

- Das ist doch eine nette Idee, antwortet Mutter, die Anmerkung ihrer Tochter vom letzten Kaffeetrinken bei den zukünftigen Schwiegereltern im Ohr: - Und diese langweilige Kirschtorte bei jeder Gelegenheit!

Schwiegermutter: - Aber die kann man wahrscheinlich nicht ins Kempinski mitbringen. Die wollen doch ihre eigenen Torten verkaufen.

Mutter: - Ich frag mal. Wahrscheinlich verlangen die dann eine Gebühr, wie mit dem Korkgeld bei mitgebrachtem Wein. Und wie machen wir das mit Sekt und Häppchen direkt nach der Trauung?

Schwiegermutter: - Das übernehme ich gerne. Du musst dich ja schon um den Oldtimer kümmern, wo der geparkt wird, Schlüsselübergabe und das Geklöter.

Der Mutter fällt noch etwas ein:

- Wir sollten aber aufpassen, dass es nicht zu viel wird. Und es auch so machen, dass die Beiden mit allem einverstanden sind. Nichts über ihren Kopf hinweg. Sie wollen es ja ganz schlicht, eigentlich gar nichts.

Schwiegermutter: - Ja, das sagt Hermann auch immer: "Was wollen denn die Beiden eigentlich?"

Am nächsten Tag fragen Braut und Bräutigam Vater und Mutter ob sie zum Kempinski mitkommen wollten. Es wird ein netter Ausflug. Die Braut denkt sich sofort in das Ambiente ein und fragt, ob bei schönen Wetter nicht auch draußen auf der Terrasse mit dem herrlichen Blick über Frankfurt getafelt werden könnte. Der Hund Otto bekommt vom Kellner einen Wasser-Napf, schnuppert an den Büschen und fühlt sich augenscheinlich wohl. Ja, das mit dem Zimmer würde sicher klappen, allerdings wieder nichts Konkretes. Und der Hund auf dem Zimmer oder im Freien kein Problem. Der Bräutigam hat keine weiteren Einwände oder merkt, dass sie aussichtslos wären. Die Entscheidung ist gefallen. Man bittet um elektronische Imbiss-Vorschläge an die Mutter gerichtet. Das mit dem Zimmer bitte separat.

Am Samstag sind die Menüvorschläge eingetroffen. Mutter, Vater, Braut und Bräutigam kommen zusammen und beraten. Wie viele und welche Art von Häppchen pro Person, oder doch lieber ein Mittagsmenü? Das gibt es aber erst ab 11:30 Uhr. Bis dahin wären alle nach der frühen Trauung um 9:10 Uhr verhungert und man müsste viel Sekt ausschenken, um sie bei Laune zu halten. Eine Preisfrage.

- Ach ja, das wollte ich noch sagen, meint der Bräutigam, - Es werden doch noch mehr Leute: die Schwiegereltern meiner Schwester sind aus Australien zu Besuch und die müssen leider mit dabei sein, sagt meine Schwester! Und als wir bei Jens und Karin erwähnt haben, dass wir jetzt doch heiraten, waren die richtig beleidigt, dass wir sie nicht als Trauzeugen gefragt haben. Wir haben jetzt also doch auch Trauzeugen. Ist euch das denn recht, finanziell meine ich?

Mutter überschlägt. Die Gesamtkosten für den kleinen Nach-Trauungs-Imbiss sind für sie trotz des vom Bräutigam angefertigten Kalkulationsblattes nicht mehr überschaubar. Wenn jedes einzelne Häppchen mindestens € 3,80 kostet, kommt es auf die paar Hunderter auch nicht mehr an, denkt sie. Schließlich: Ihre Tochter heiratet!

Also lieber Häppchen, auch mehrere Quiches und zum Mittag eine ordentliche Suppe. Zum Nachtisch dann die Hochzeitstorte. Wird die Kirschtorte der Schwiegermutter, die ebenfalls als Überraschung geplant ist und nicht konkret erwähnt werden darf, reichen oder soll man einen extra Nachtisch bestellen?

- Ich klär das noch, meint Mutter.

Soweit ist alles klar, bis auf die Hochzeitstorte oder Nachtisch. In aller Ruhe, nachdem das Brautpaar gegangen ist - die werdende Mutter muss sich von den Planungsstrapazen erholen - ruft Mutter die Schwiegermutter an:

- Tut mir leid, dass die im Kempinski ein bisschen verpeilt sind, und die Zimmerreservierung nicht separat bestätigt haben zum Weiterleiten an dich. Aber es ist alles in Ordnung. Die beiden haben sich dafür entschieden. Und eine eigene Torte können wir mitbringen, wenn wir ein Tellergeld von € 3,50 zahlen. Wäre dir das recht?

Schwiegermutter: - Ja, das werden wir dann übernehmen.

Mutter: - Dann ist nur noch die Frage, ob wir zusätzlich einen Nachtisch brauchen.

Schwiegermutter: - Nein, brauchen wir nicht, meine Hochzeits-Kirschtorte reicht. Aber, was ich dir noch sagen wollte: Wir haben uns jetzt gegen die Übernachtung im Kempinski entschieden.

Mutter: - Warum das?

Schwiegermutter: - Es ist ja keine Überraschung mehr.

Nach dieser Überraschung ist Mutter zunächst schweigsam und fragt dann nur:

- Und was wollt ihr anstatt dessen machen?

Schwiegermutter: - Das sagen wir nicht, es soll ja eine Überraschung sein.

Mutter bleibt nichts weiter zu sagen. Sie beendet das Gespräch. Es hätte alles so schön gepasst, der Brunch, der Oldtimer, der Hund, die schöne Umgebung zum

Entspannen und abends gepflegt ins Bett fallen. Sollen sie und ihr Mann vielleicht selbst noch die Übernachtung übernehmen? Aber was wäre, wenn die Überraschung der Schwiegermutter in einem Übernachtungs-Gutschein für ein anderes Hotel bestünde? Nein, die Kempinski-Übernachtung ist gestrichen. Doch das muss sie ihrer Tochter mitteilen, denn sie vermutet, dass die Entscheidung für das Kempinski mit der angedeuteten Übernachtung zusammenhängt.

Vater stimmt zu: - Du musst es ihr sagen.

Das Telefonat mit der Tochter ist kurz:

- Wir hatten ja so etwas mit Übernachtung angedeutet. Das ist jetzt gestrichen. Nur, dass du Bescheid weißt.

Vater schimpft anschließend mit Mutter:

- Du musst schon richtig sagen, dass die Schwiegermutter abgesagt hat.

Mutter: - Ich will da nicht so eine große Sache draus machen, sonst geht das in Richtung Missstimmung. Und das ist das Geringste, was Nina sich jetzt wünscht.

Vater greift zum Telefon und hat den Schwiegersohn auf der anderen Seite:

- Nur damit ihr das richtig versteht, deine Mutter hat die Übernachtung abgesagt.

Der Schwiegersohn mit geschäftsmäßiger allzeit bereiter Fassung:

- Gar kein Problem!

Zwei Stunden später klingelt das Telefon:

Die Braut bittet um eine kurze bilaterale Audienz, jeweils mit Vater und Mutter separat und will dazu vorbei kommen. In klaren ruhigen Worten bedankt sie sich für die nette Idee mit dem Kempinski. Doch sie wollen davon Abstand nehmen und lieber im Cafe im Nordend feiern. Sie würden es auch selbst bezahlen. Und sie möchten nichts - und dies sei ihnen sehr ernst, keine Geschenke, keinen Aufwand, keine Rede und ÜBERHAUPT NICHTS. Und sie bittet ihre Eltern sehr ausdrücklich, diesen Wunsch zu respektieren.

Mit hoch erhobenem Haupt und super-rundem Bauch verlässt sie ihre enttäuschten Eltern.

Die Enttäuschung nagt. Zwei Tage später bei einem zufälligen Besuch tauschen Braut und Mutter sich nochmals aus. Darüber, dass die Vorbereitungen dem Brautpaar aus der Hand zu gleiten schienen und wie schwierig die Abstimmung zwischen den verschiedenen Parteien sei. Mutter behält ihre Wut auf die Schwiegermutter für sich und zitiert nur den Spruch einer berühmten Psychologin: Es sei ein Trugschluss, dass die zwei Elternpaare eines Brautpaares befreundet sein müssten.

Der Bräutigam kommt dazu und erklärt, dass sie so viele Ideen für die eigentliche Hochzeitsfeier hätten. Die Mutter hört zum ersten Mal davon und wiederholt vorsichtshalber:

- Ja , das könnt ihr dann ganz so machen, wie ihr das wollt, wo, wie viele Gäste, wie viele Tage. Wir sind da finanziell nicht beteiligt.

Schwiegersohn: - Versteh mich nicht falsch, aber ist es nicht eigentlich so, dass die Eltern der Braut die Feier ausrichten, oder zumindest etwas beitragen?

Jetzt versteht Mutter seine Zurückhaltung beim Kempinski. Sie widersteht der Versuchung, auf die von den Eltern finanzierte abgeschlossene Hochschulausbildung der Braut und ihren gut bezahlten, sicheren Job hinzuweisen:

- Du weißt ja, dass wir das etwas anders sehen. Außerdem hab ich keine Ahnung, was im nächsten Jahr sein wird, mit dem Baby, usw. Mir geht´s jetzt um die Trauung. Da freu ich mich auf die kleine Feier und die hätten wir auch gerne ausgerichtet.

Die Braut erwähnt beiläufig zum Bräutigam:

- Deine Schwester hatte ja auch die Feier ein Jahr nach der Geburt ihres ersten Kindes geplant. Und dann wurden acht Jahre daraus!

Bleibt also nur noch die Kleidung. Nichts Besonderes war die Vorgabe. Mutter ist froh, dass sie das überflüssige grüne Leinenkleid doch gekauft hat. Es wird seine Premiere sein. Vater meint, eine seiner normalen Hosen, frisch gewaschen und ein normales Hemd eben.

Mutter ist alarmiert, schaut die Hosen durch und findet zwei, deren Tascheneingriffe nicht abgewetzt sind. Sie wäscht und bügelt. Bei den Hemden stellt sie fest, dass dringend Ersatz vonnöten ist, die durchgescheuerten Kragen waren ihr schon beim letzten Opernbesuch unangenehm aufgefallen.

Vater weiß ihre Überlegungen nicht zu würdigen, er habe Wichtigeres im Kopf.

Der Bruder der Braut kommt am Abend vor der Trauung mit kleinem Backpack und einem riesigen Kleidersack per Bahn aus München zur Übernachtung bei Vater und Mutter.

Vater: - Was hast du denn da drin?

Sohn: - Meinen Anzug.

Vater: - Anzug? Wieso Anzug? Es soll doch alles ganz formlos sein!

Bruder: - Zu mir hat Nina gesagt, ich soll einen Anzug mitbringen!

Vater: schweigt.

Mutter: denkt.

Am nächsten Morgen Hektik. Mutter notiert zufrieden, dass Vater nicht nur die unauffällig von ihr zurecht gelegte frische Hose mit dazu passendem Hemd ohne Abrieb trägt, sondern seinen guten dunkelblauen Blazer für wichtige Anlässe heraus geholt hat.

Dies kostet allerdings etwas Zeit, und er kommt mit 15 Minuten Verspätung zum Auto des Brautpaares. Die Nervosität steigert sich, als sie sich aus der Tiefgarage in den morgendlichen äußerst zäh fließenden Büroverkehr einschleusen.

An der Haustür des Brautpaares vorbeikommend stößt die Braut einen Schrei aus:

- Halt sofort an, das halte ich nicht aus! Ich muss noch mal hoch. Dieses Parfüm ist unerträglich!

Der Bräutigam benutzt die Bremse - und die Wartezeit um Notfallpläne zu schmieden.

Zum Bruder: - Könntest du vielleicht am Römer ans Steuer gehen und den Wagen in die Tiefgarage fahren? Wenn du ein bisschen zu spät kommst, ist das nicht ganz so schlimm. Die trauen im 20 Minuten Takt und werden nicht auf den Bräutigam warten.

Auf dem als clever angedachten Umweg über eine Seitenstraße hält sie ein Müllwagen weitere kostbare Minuten auf.

Sie kommen trotzdem pünktlich.

Es war ein traumhafter Tag. Strahlender Sonnenschein. Eine reizende Standesbeamtin, die mit den drei Kindern der Schwester des Bräutigams und der Trauzeugen scherzte. Ein Türsteher, dem nur ein Zylinder fehlte, um die Manieren für einen Butler zu vervollkommnen. Eine Braut, die die kleine Gesellschaft dadurch irritierte, dass sie einen Lachkrampf bekam, als sie JA sagen sollte, dann zu Tränen überging - jeder dachte, jetzt macht sie einen Rückzieher - es dann aber doch schaffte. Ein Bräutigam, der wie in einem Staatsakt mit geradem Rücken und ausholender Feder die

Lebens-verändernde Unterschrift setzte. Der rote Teppich, auf dem das Brautpaar danach unter Begleitung des Hochzeitsmarsches (die Schwester des Bräutigams hatte sich nicht an die Vorgaben gehalten) nach unten schritt. Die als Blumenmädchen gekleideten kleinen Töchter der Schwägerin der Braut, die rote Kunstrosenblätter auf ihren Weg streuten (echte sind wegen Rutschgefahr verboten). Der Strauß roter Herz-Luftballons (der Schwiegervater hatte sich nicht an die Vorgaben gehalten), die Braut und Bräutigam einzeln abschnitten und davon fliegen ließen. Sekt - alkoholfrei - und Häppchen (die Schwiegermutter hatte sich nicht an die Vorgaben gehalten) aus einem bislang gut verborgenen Korb.

Ein Fest! Und die Braut mit ihrem stolzen runden Bauch trug ein blaues Spitzenkleid, das einer großen Hochzeitsfeier würdig gewesen wäre, mit hochhackigen roten Lackpumps, in denen sie kaum laufen konnte, und war aus Mutters Sicht umwerfend schön. Und noch schöner war, dass der Bräutigam wunderbar zu ihr passte und die Mutter beim Anblick dieses geballten Glücks zum ersten Mal dachte: Die beiden schaffen das! Sie haben sich gefunden!

Und sie dachte auch: Niemand hat sich an die Vorgaben gehalten, nur wir stehen jetzt ganz ohne etwas da. Aber meine Tochter wird sich freuen, wenn sie nach Hause kommt.

Der Brunch war nett und normal und wegen der Hitze in dem kleinen Raum recht früh zu Ende.

Sie fuhren gemeinsam nach Hause. Der Bruder wollte seine Schwester noch sprechen bevor sein Zug nach München ging.

Er schickt der Mutter ein What´s App Foto: Die Braut im lässigen Home-Dress vor einem Riesen-Binsenkorb geschmückt mit dem Schild "Nina und Peter - Just Married", weißen Kunstrosen, einem echten Strauß bunter Sommerblumen, zwei Riesen-Kaffeebechern, mit der Inschrift PAPA und MAMA, gefüllt mit von Mutter gebackenen Keksen mit der Inschrift JUST MARRIED, einmal süß und einmal salzig. Die Braut hält den Hochzeits-Gutschein ihrer Eltern hoch in der Hand und strahlt in die Kamera, der Bräutigam daneben winkt freudig.

Der Bruder erzählt nachher, dass die Brautleute auch Gutscheine von den Schwiegereltern und der Schwester des Bräutigams erhalten hätten. Wofür, würden sie nicht verraten. Es seien Überraschungen.

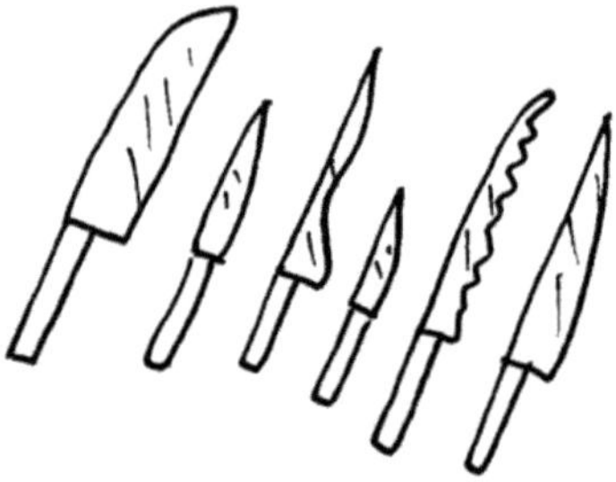

Die Messer

Ein schwieriger Text - noch schwieriger der Inhalt. Doris liest von ihren Gedanken über ihr ICH, ihr früheres, ihr heutiges, vielleicht ihr zukünftiges. Sie will wissen, ob der Text verständlich ist, der Inhalt nachvollziehbar.

Berta hat ihre „aufmerksame Zuhörerin"-Miene aufgesetzt. Nora lässt mit geradem Rücken keine Regung - Verständnis oder Unverständnis - erkennen. Anna versucht, ihrem Gesicht einen positiv-neutralen Ausdruck zu verleihen.

Etwas streift Annas Rücken. Sie dreht sich um, überrascht und gestört: ein sorgfältig in schwarz gekleideter kleiner Mann mit dunkler Haut streckt ihr einen großen flachen Karton entgegen. Sie erkennt nicht sofort, worum es sich handelt. Auf ihren Blick reagiert er mit dem Öffnen des Kartons: Sechs Messer verschiedener Größe, mit scharfen Spitzen der Länge nach sortiert und farbigen Griffen blitzen sie an. Anna wendet sich ab, sie will keine Messer. Der kleine dunkle Mann klappt enttäuscht den Deckel zu und eilt zum Ausgang. Die Tür schließt sich hinter ihm.

Jetzt durchzuckt es Anna. Sie möchte aufspringen, ihm nacheilen, die Messer entreißen und damit die beiden Schreib-Blätter von Doris in allerkleinste Stücke zerfetzen. Und dann wieder zusammensetzten, irgendwie, ganz egal, und sagen: „Hier, das ist Dein ICH. Was willst du denn eigentlich? Es ist so wie es ist." Oder aber das Häufchen von kleinen Fetzen in die Hand nehmen, mit hohem Schwung in die Luft schleudern und sie tanzend herumwirbeln lassen: „Dein ICH, mein ICH, Was ist das schon? Nur unbedeutende, wirre Teilchen in unserem schier unendlichen Universum, deren Flattern wir nie begreifen werden."

Die Chance ist vertan. Der hurtige Händler ist fort. „Schon wieder solche Banausen, die sich nicht die Zeit nehmen, den Wert meiner Messer zu erkennen," denkt er wohl.

Anna blickt wieder auf Doris und gibt ihr Bestes an positiver Neutralität.

In der Nacht wird sie von funkelnden Messern träumen.

Zeit

Ich habe Zeit. Ich muss mich nicht mehr eilen. Ich habe keinen Termindruck. Ich kann endlich machen, was ich will, wann immer ich es will. Ich bin nicht mehr berufstätig.

So hatte ich es mir vorgestellt, als ich vor fast fünfzehn Jahren in den Ruhestand ging. Damals hatte ich mich darauf gefreut. Gleichzeitig hatte ich etwas Angst. Was mache ich denn mit der vielen Zeit? Wie fülle ich meinen Tag, wenn ich keine Aufgaben mehr habe? Wie kann ich mich denn noch nützlich fühlen? Werde ich mich nicht langweilen? dachte ich.

Langeweile. Ist das nicht eigentlich etwas Positives? Eine Weile, ein Augenblick, in dem man lang verharren kann, den man genießen, voll auskosten kann, wenn er einem gefällt? Er beinhaltet etwas Meditatives, vielleicht den Blick auf einen größeren Zusammenhang oder auf die vielen kleinen Details, von denen man umgeben ist, in die Welt eingebettet, zwischen Gestern und Morgen. Etwas wozu man sonst aus Zeit-Druck keine Gelegenheit findet.

Doch in unserer Gesellschaft ist der Begriff Langeweile negativ besetzt: Man weiß nichts mit sich anzufangen, man ist Energie- oder Ideenlos, man steht abseits vom starken Strom der Zeit. Ich frage mich, wie der Begriff "Langeweile" in der englischen oder französischen Übersetzung wirkt. Das englische "boredom" klingt für mich nach Leere, Inhaltslosigkeit. Die negative Bedeutung noch stärker als im deutschen. Nein, Leere möchte ich nicht empfinden. Und im Französischen? Hier heißt es "ennui" im Sinne von ärgerlich, unangenehm und Verdruss. Nein, auch das möchte ich nicht gezielt erleben. Interessant ist jedoch, dass die Bedeutungen im Deutschen, Englischen und Französischen voneinander abweichen, aber alle negativ besetzt sind. Also möchte ich keine Langeweile im Ruhestand, sollte ich es nicht schaffen, die Sache umzudeuten und meditativ anzugehen.

Im Berufsleben hatte ich nie Langeweile. Dort wurde ich gebraucht, war nützlich, konnte etwas vollenden, arbeitete auf Erfolgserlebnisse hin. Daran hatte ich mich gewöhnt. Im Berufsleben kamen die Erfolgserlebnisse mehr oder weniger automatisch. Zwar nicht unbedingt regelmäßig und von meinen Vorgesetzten - mündliches Lob entspricht nicht dem durchschnittlichen Arbeitsethos in Deutschland - , aber immer wieder indirekt oder wenn ich selbst mir sagen konnte: das ist gut gelaufen, das hast du richtig angepackt. Die Tiefschläge gehörten dazu. Sie waren der Ansporn, weiter zu versuchen das Ziel zu erreichen, vielleicht auf einem anderen Weg.

Es war aufregend, was der Tag so brachte an Auf und Nieder, Frust und Ergebnis. Beinahe wie ein spannender Krimi. Das aufzugeben bedeutete eine Lücke. Die musste gefüllt werden. Ich konnte schließlich nicht da sitzen, darauf warten, dass die Sonne schien, mich tatenlos vom Wind umfächeln lassen, mich der Langeweile im negativen Sinne hingeben. Das war nicht meine Art. Das könnte ich mir aufheben für das Seniorenheim in zwanzig, vielleicht dreißig Jahren. Dann könnte ich an der meditativen Deutung arbeiten und dem Sonnenschein vielleicht friedlich mit gefalteten Händen zuschauen.

Aber nicht mit sechzig.

Ich ging planvoll ans Werk. Ich testete, ob ein Zweitstudium für mich in Frage käme, oder ob sich die jungen Studenten von mir, der Alten, wegsetzen würden. Sie taten es nicht. Ich wählte einen Studiengang mit Hausarbeiten, festen Abgabeterminen und sechs Monaten Zeit für das Anfertigen einer Masterarbeit. Ich ging voll darin auf - in der Herausforderung, die ich gesucht hatte. Ich hatte wenig Zeit für Geselligkeit. Wenn jemand anrief, um sich zu verabreden, hatte ich meist "keine Zeit". Der Abschluss nach zweieinhalb Jahren brachte die gewünschte Bestätigung.

Und was kam jetzt? Was sollte ich anfangen mit dieser Qualifikation? Jetzt hatte ich wieder Zeit. Aber wofür? Wirklich arbeiten wollte ich nicht mehr, weder im Vollzeitjob, noch in einem zeitlich festgelegten Teilzeitjob. Jetzt war mir Flexibilität wichtig. Wenn ich schon meine Zeit füllte, wollte ich zumindest die Termine selbst bestimmen können und von der Sinnhaftigkeit meines Tuns überzeugt sein - keine Zwänge mehr. Nach kurzer Suche fand ich die für mich richtige Ehrenamtliche Tätigkeit: Beratung von Jugendlichen, um sie bei der Klärung ihrer Probleme zu unterstützen. Zu Zeiten, die ich selbst bestimmen konnte. Dies schien die perfekte Kombination von zeitlicher Flexibilität und Sinnhaftigkeit.

Allerdings blieb die Tatsache, dass ich mich verpflichtet fühlte, pünktlich zu erscheinen und zuverlässig bis zum Ende zu bleiben und meiner Beratungspflicht nachzukommen. Ja, das war es: Verpflichtungen wurden zunehmend lästig, auch wenn ich sie freiwillig eingegangen war. Am liebsten wäre ich völlig frei gewesen. Hätte nur noch spontan gelebt, in jeder Minute frei für die Entscheidung, spazieren zu gehen, es zu lassen oder auf später zu verschieben, ohne Rücksicht darauf, dass eine Anderer schon auf mich wartete.

Früher im Berufsleben hätte ich nicht einmal daran gedacht, solch einen Gedanken auszusprechen. Wenn du mit anderen zusammen leben willst, musst du Kompromisse eingehen, hätte man mir geantwortet. Als ob ich das nicht wüsste! Und immer beherzigt habe!

Vielleicht ist das die große Freiheit, die der Ruhestand bringt? Ich darf sagen, was ich denke? Dass ich Aufgaben suche, aber keine Verpflichtungen will? Dass ich mit der Zeit nicht zu recht komme? Dass ich immer noch zu wenig Zeit habe? Dass ich mit meinen Prioritäten kämpfe? Dass ich am liebsten gar keine zeitlichen Verabredungen treffen möchte, damit ich frei bin, für das was zufällig kommt und darauf eingehen kann? Und es andererseits schlecht ertrage, wenn der Andere bereits verplant ist, wenn ich ihn spontan treffen möchte? Und dass ich hilflos in diesem Dilemma dann doch wieder dazu übergehe, langfristige Verabredungen zu treffen, die dann, wenn der Zeitpunkt gekommen ist, vielleicht gar nicht mehr passen?

Ja, so ist das Leben, kann man jetzt denken. Damit muss man sich arrangieren. Sicher. So ist es. Doch das löst nicht mein Zeitproblem. Und nicht das Gefühl des gehetzt seins. Da sind so viele Anforderungen. Vor allem meine eigenen: körperlich aktiv sein, Gesundheit erhalten, Freundschaften pflegen, dem Partner und der Familie gerecht werden, etwas Nützliches tun, geistig fit bleiben, Freude haben. Diese Anforderungen sind mir sehr viel bewusster als früher.

Doch manchmal breche ich aus .....und gönne mir Zeit! Allein schon der Ausdruck "sich Zeit gönnen" hat etwas Anrüchiges: ein Luxus, etwas, das mir eigentlich nicht zusteht, das ich nicht verdient habe. Wie das dritte Stück Sahnetorte im Cafe!

Morgens nach dem Aufwachen, wenn bis zu dem Arzt-Termin in drei Stunden noch so viele freie Minuten vor mir liegen, Minuten über die ich verfügen kann, weil im Terminkalender sonst nichts eingetragen ist - dann gönne ich mir Zeit. Jetzt könnte ich so Einiges von den Kleinigkeiten erledigen, die relativ unwichtig auf dem Schreibtisch warten, oder Anrufe tätigen, die ich schon lange machen wollte. Doch ich lasse ich mich einfach treiben, genieße das warme Wasser der Dusche, schneide die Früchte für meinen Obstsalat besonders liebevoll, lese ausgiebig in der Zeitung, schaue vom Balkon den Kindern auf dem kleinen Spielplatz zu oder werfe einen Blick über die Frankfurter Skyline. Und plötzlich stelle ich fest: Ich werde nicht pünktlich beim Arzt sein. Ich habe es wieder nicht geschafft, meine Zeit richtig einzuteilen.

Das Empfinden des Genusses beim Bummeln weicht dem schlechten Gewissen: Ich stehe auf Kriegsfuß mit der Zeit. Zu früh kommen heißt, die Zeit nicht voll ausgenutzt zu haben. Genau pünktlich zu sein bedeutet ständige Selbstkontrolle und ist anstrengend. Zu spät kommen ist meine Art der Revolte, eine lächerliche, wie ich meine. Trotzdem nehme ich seit kurzem hin, dass ich beim Arzt eine kleine Entschuldigung äußere: "Ich habe mir etwas Zeit genommen". Damit meine ich, dass ich Zeit mir selbst gewidmet habe, ich habe Zeit für mich abgezweigt. Habe ich die Zeit damit etwa vergeudet?

Wenn ich mir all diese Formulierungen anschaue: sich Zeit gönnen, sich Zeit nehmen, jemandem seine Zeit widmen, Zeit vergeuden, Zeit einteilen, Zeit nutzen...! Mir scheint, ich könnte endlos fortfahren mit dieser Aufzählung von Begriffen, die die Knappheit und Kostbarkeit der Zeit deutlich machen. Und mir sagen, dass ich sparsam mit ihr umgehen muss, haushalten, sie nicht verschwenden darf. Wie viel habe ich denn noch?

Früher lief es einfach von selber, ich dachte wohl nicht darüber nach. Allerdings kann ich mich auch nicht mehr genau erinnern. Nur daran, dass ich wenig Gefühl hatte für die Vergänglichkeit der Zeit. Ich hatte ja noch so viel davon vor mir.

Heute empfinde ich die Zeit. Die Zeit, die noch bleibt - die immer weniger wird. Der Wunsch noch so viel zu tun, der sich fast umgekehrt proportional verstärkt mit der Fähigkeit dazu. Und die Eile, doch noch ganz viel davon zu erleben. Die Atemlosigkeit. Und dann frage ich mich: Möchte ich sie wirklich haben: Zeit!? Das Gefühl "Zeit zu haben" werde ich wohl nur empfinden, wenn ich nichts mehr tun kann, weil ich etwa durch einen Rollstuhl behindert bin oder mein Verstand mir nicht mehr gehorcht.

Sollte ich also noch auf einige Jahre hoffen, in denen ich sagen kann: "Heute habe ich keine Zeit"?